Erev-Rav   Eine Kiste im Keller

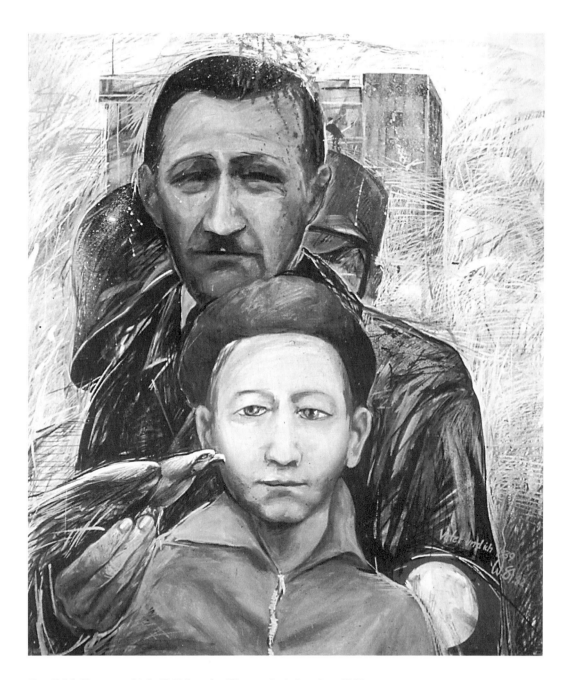

Das Bild „Vater und ich 1939" malte Werner Steinbrecher 1982.
Es zeigt weder seinen Vater noch ihn selbst; es will nicht porträtieren, sondern die Beziehung schildern, die Werner zu seinem Vater fühlte, als er zum ersten Mal die Feldpostbriefe las.

Hrsg. Gerard Minnaard/Werner Steinbrecher

Eine Kiste im Keller

Das Schicksal eines „guten" deutschen Soldaten im Zweiten Weltkrieg

– eine künstlerische und theologische Verarbeitung

Erev-Rav-Hefte
Gedenken Nr. 3

„Eine Kiste im Keller" ist ein gemeinsames Projekt von:
- Erev-Rav, Verein für biblische und politische Bildung e. V.
- Geschichtswerkstatt Uelzen e. V.
- Kirchengemeinde Oldenstadt und Groß Liedern

Das Projekt wurde finanziell unterstützt durch:
- Niedersächsische Landeszentrale für politische Bildung
- Martin-Niemöller-Stiftung
- Kirchenkreis Uelzen
- Sparkasse Uelzen
- Uelzener Stadtwerke

Die Deutsche Bibliothek – CIP-Einheitsaufnahme

Eine Kiste im Keller : Das Schicksal eines „guten" deutschen Soldaten im Zweiten Weltkrieg – eine künstlerische und theologische Verarbeitung / hrsg. von Gerard Minnaard und Werner Steinbrecher. – Wittingen : Erev-Rav, 2002
  (Erev-Rav-Hefte : Gedenken ; Nr. 3)
  ISBN 3-932810-16-3

© Erev-Rav, Verein für biblische und politische Bildung, Knesebeck 2002
Alle Rechte vorbehalten
Nachdruck – auch auszugsweise – nur mit Genehmigung des Verlages
Repros: Achim Schoepe
Satz und Layout: Kerstin Buhr, GT Bode 11, 29582 Hanstedt I
Druck: Carstens, Hoornsfeld 4, 29640 Schneverdingen

Dietrich Banse,

*seinem Engagement für die
Uelzener Jüdinnen und Juden gewidmet*

Inhalt

Einführung ... 9

Biographie Hubert Steinbrecher ... 13

Einsätze im Zweiten Weltkrieg ... 17

   1. Einberufung und Ausbildung
      (Oktober 1940–Januar 1941) ... 19

   2. Einsatz auf dem Balkan
      (Januar 1941–Dezember 1941) ... 20

   3. Einsatz in Russland
      (April 1942–März 1943) ... 25

   4. Verschiedene Einsätze in Mitteleuropa
      (April 1943–Juli 1945) ... 30

Die Briefe ... 33

   1. Der touristische Blick ... 38

   2. Der männliche Blick ... 40

   3. Der religiöse Blick:
      Gott – Familie – Vaterland ... 42

   4. Der religiöse Blick: das Opfer ... 44

   5. Der antikommunistische Blick ... 45

   6. Verdrängen als Überlebensstrategie ... 46

   7. Ein „guter" deutscher Soldat ... 48

Werner Steinbrecher –
Verarbeitungsversuche ... 53

Zeichnungen von Werner Steinbrecher

   1982 ... 61

   2002 ... 70

Theologische Reflektionen ... 73

   Klara Butting – Der erzählende Richter ... 75

   Friedrich-Wilhelm Marquardt –
   Vorwärts und nicht vergessen ... 82

   Dieter Schellong –
   Schuld und Umkehr im öffentlichen Leben ... 89

   Gunther Schendel – Enkelperspektive ... 102

Anhang ... 107

Einführung

[...] von 11-1 Uhr nochmal los. Und dann haben wir [...] dienstfrei und Ausgang, hoffentlich. Unsere ganze [...] rie war nämlich hier zusammen, zur Übung. [...] standen die Fahrzeuge alle auf der Straße und [...] ten immer mit 3 Mann - scharf geladenen Kara[binern] [...] stehen. Mir macht ja so etwas nicht viel aus [...] habe nur 3½ Stunden geschlafen, natürlich in Uni[form]. So ist das, mein kleiner Schatz. Du schrei[bst] [...] in Deinem Brief, daß Du mir das freie Soldaten-Leben gönnst und Deine stille Sehn[sucht] [...] dabei zu sein, erfüllt wäre. Ja, liebes Frau[chen] [...] glaube, ein klein wenig irrst Du dabei. So fu[rcht]bar groß war die Sehnsucht garnicht und ich wä[re] [...] hundertmal lieber bei meinem süßen, klei[nen] [...] geblieben, denn ich wußte ja von all dem [...]

Einführung

1981, kurz nach dem Tod seiner Mutter, bekommt der 35-jährige Werner Steinbrecher von seinem Vater eine Kiste, deren Inhalt er bis dahin nie gesehen hat. In der Kiste befindet sich alles, was Hubert und Gertrud Steinbrecher aus der Zeit des Nationalsozialismus aufgehoben haben. Dazu gehören alle Gegenstände aus der Soldatenzeit von Hubert Steinbrecher, Zeitungsartikel u. a. über Prozesse gegen Kriegsverbrecher und über Konzentrationslager und 767 Briefe, die Hubert Steinbrecher in den Jahren 1940–1945 als Soldat an seine Frau geschrieben hat. Es sind Feldpostbriefe aus Rumänien, Bulgarien, Griechenland, Polen, Russland, Tschechien, Österreich ... Werner Steinbrecher hat mit seinem Vater, der wenige Jahre später stirbt, nicht mehr über den Inhalt der Kiste reden können. Die Kiste wird ihn aber nie mehr los lassen.

Einführung

Als gelernter Künstler versucht Werner Steinbrecher das, was er in den Briefen liest, auf seine Weise zu verarbeiten. So entstehen Anfang der 80er Jahre 16 Zeichnungen, die am 9. November 2000 zum ersten Mal im Uelzener Rathaus gezeigt werden. Die „Veröffentlichung" der Zeichnungen findet in einer Phase statt, in der Werner Steinbrecher sich erneut intensiv mit seinem Vater und dessen Geschichte auseinandersetzt. Zwanzig Jahre nach Erhalt der Kiste hat das Gespräch mit dem Vater noch immer nicht aufgehört.

Was hat Vater Steinbrecher als Soldat auf dem Balkan und in Russland getan?
Warum hat er sich kritiklos an diesem Krieg beteiligt?
Wie wurde er Teil einer gewalttätigen Normalität?
Was hat ihn seelisch aufrecht erhalten?
Warum hat er in seiner Familie nie über seine Rolle als Soldat?
Wie hat er das Geschehen dieser Jahre verdrängen können?

Das Projekt „Eine Kiste im Keller" versucht sich mit diesen Fragen auseinander zu setzen. Es umfasst eine Wanderausstellung und das vorliegende Buch. Während die Ausstellung die künstlerische Verarbeitung des Sohnes in den Vordergrund stellt, versucht das Buch – über eine Dokumentation der Ausstellung hinaus – durch die Analyse der Briefe einen tieferen Einblick in die Erfahrungswelt eines Mannes zu bieten, der an gesellschaftlich sanktionierter Gewalt beteiligt war. Die Analyse will diese Teilnahme darstellen, ohne sie zu bewerten. Sie will dazu anregen, über eigene Verstrickung in Gewaltstrukturen nachzudenken.

Inwiefern bin ich in Gewaltstrukturen gefangen?
Wo übe ich Kritik, wo schweige ich, obwohl ich nicht einverstanden bin?
Welche Überlebensstrategien habe ich mir zurechtgelegt?

Das Buch wird abgeschlossen durch vier theologische Reflektionen, wie wir als Nachgeborene angesichts der vergangenen Gewalt, ohne zu verdrängen, aufrecht leben können. Den Ausgangspunkt dieser Texte bilden die Worte aus dem Buch Klagelieder: „Unsere Väter haben gesündigt, sie sind nicht mehr, und wir, wir tragen ihre Schuld" (5,7).

Gerard Minnaard
Uelzen, August 2002

...lich, wenn auch alleine, ...
...de ein ganzes Stück prima Speck von Klara ...
...u noch ein Stück Schweizerkäse. Fast überflüssig
...lich rauche ich nun eine Zigarre vom kleinen ...
... esse ein Stück Stollen, den wir heute erhielten,
... ein buntes Bild, was? Aber ich habe eben ein...
...z guten Appetit. Heute nachm. hatten wir Aus...
...r ich bin erst um 6 Uhr fortgekommen. Leider!
...ich alleine keine große Lust hatte, und hier
...en schon in größeren Bogen vertilgt habe, bin
...er „heim"? gegangen, um meinem lieben Schätz...
...einen kleinen Bericht zu geben, denn gestern
...ich leider nicht dazu gekommen. In unse...
...üben war nämlich die Sylvester-Feier. Aber ich w...
...ganzen Tag fort, Verpflegung holen. Um 6 Uhr b...

Sämtliche abgebildeten Fotos, Karten, Zeitungsausschnitte und Dokumente stammen aus dem Nachlass von Hubert Steinbrecher.
Die in Anführungszeichen gesetzten Bildunterschriften befinden sich auf den Rückseiten der Fotos.

Biographie Hubert Steinbrecher

Hubert Steinbrecher wird 1906 in Düsseldorf geboren. Sein Vater, der bereits 1919 stirbt, ist Dekorationsmaler, seine Mutter Hausfrau. Er hat zwei Geschwister. Nach der Schule macht Hubert eine kaufmännische Lehre und arbeitet anschließend als Bankangestellter, bis er 1932 in Folge einer Fusion entlassen wird. Nach 17 Monaten Arbeitslosigkeit und Umschulungen findet er Arbeit als Handelsvertreter. 1936 heiratet er Gertrud Aretz, eine Verkäuferin aus Düsseldorf. Ihr erstes Kind stirbt 1939 nach 20 Tagen. Am 23. Oktober 1940 wird Hubert nach Bonn einberufen. Seine Frau übernimmt seine Arbeit als Vertreter, bis sie im August 1943 wegen ihrer Schwangerschaft und der ständigen Luftangriffe auf Düsseldorf nach Visbek umsiedelt. Der Krieg bringt Hubert u. a. nach Griechenland und nach Russland. Im Januar 1944 wird Tochter Rita geboren. September 1946 folgt die Geburt von Sohn Werner. 1947 kehrt Hubert Steinbrecher, 1949 der Rest der Familie nach Düsseldorf zurück, wo Hubert als kaufmännischer Angestellter Arbeit gefunden hat. Gertrud stirbt im Januar 1981. Hubert Steinbrecher stirbt am 3. 10. 1984.

Hochzeit 1936

Hubert Steinbrecher "Meiner lieben Gertrud gewidmet. Weihnachten 1940"

1936 in der Wohnung der Schwiegereltern

Einsätze im Zweiten Weltkrieg 17

Wehrbezirkskommando Düsseldorf, Datum des Poststempels
Düsseldorf Mühlenstrasse 29.
Sachgeb. IIc

Betr.: ....92.............

V o r a n k ü n d i g u n g.
===============================

23. Okt. 1940

Sie haben mit einer Einberufung ~~Anfang/Mitte/Ende/~~ ....
zu rechnen.
Diese Vorankündigung haben Sie <u>sofort</u> Jhrem Arbeitgeber vorzuzeigen und von ihm die Einsichtnahme durch Unterschrift und Firmenstempel bescheinigen zu lassen.
Sollte eine Unabkömmlichkeitsstellung erfolgen, oder über einen eingereichten Antrag noch nicht entschieden sein, oder andere wichtige Gründe einer Zurückstellung vorliegen, so sind entsprechende Unterlagen sofort dem Wehrbezirkskommando Sachgeb.IIc Zimmer ~~234~~ 226 vorzulegen. N a c h Erhalt des Einberufungsbefehles eingehende Anträge, Einsprüche und Beschwerden können nicht mehr berücksichtigt werden.
Sollten Sie einer Einberufung wegen schwerer Erkrankung nicht nachkommen können, so ist ein ärztliches Attest unverzüglich beizubringen.
Innerhalb 24 Stunden müssen Sie einem Einberufungsbefehl nachkommen können.
Diese Vorankündigung <u>mit Unterschrift des Arbeitgebers</u> ist bei Erhalt eines Einberufungsbefehles oder einer Vorladung zugleich mit dem Wehrpass mitzubringen.

Unterschrift und Firmenstempel
   des Arbeitgebers.

   Josef van der Heiden & Co,
         Düsseldorf Wehrbezirkskommando Düsseldorf.
   Weißenburgstr. 35/39

Einsätze im Zweiten Weltkrieg

1. Einberufung und Ausbildung (Oktober 1940 – Januar 1941)

Am 23. Oktober 1940 wird Hubert Steinbrecher nach Bonn einberufen. Er wird in Calais (Frankreich) als Soldat ausgebildet und im Januar 1941 zum 4. Batterie Flak [Flugabwehrkanone]-Regiment 19 nach Brugge (Belgien) verlegt.

Einsätze im Zweiten Weltkrieg

2. Einsatz auf dem Balkan
(Januar 1941 – Dezember 1941)

Die Einheit, der Hubert Steinbrecher angehört, macht sich am 24. Januar 1941 auf den Weg Richtung Balkan. Am 6. April findet der Überfall auf Griechenland statt. Am 14. April betritt Hubert Steinbrecher griechischen Boden. Hubert bleibt bis zum Ende des Jahres in Griechenland. Er macht seine Fahrprüfung, wird befördert zum Gefreiten und wird stellv. Rechnungsführer.

Foto aus dem Bildband „Wir kämpfen auf dem Balkan", hrsg. Deutsche Wehrmacht. Diesen Band bestellte Hubert Steinbrecher von Russland aus und ließ ihn zu seiner Frau nach Düsseldorf schicken.

Einsätze im Zweiten Weltkrieg

„Ungarische Zigeuner spielen auf zum Tanz"

„Vor unserem großen Rundzelt in St."
(Startchewo, Bulgarien)"

„Bulgarien 1941. Zigeuner auf dem Wege"

„Auf dem Vormarsch! Pause"
(Griechenland)

Das Wort „Zigeuner" kommt in den Briefen Hubert Steinbrechers oft vor. Er romantisiert mit diesem Begriff seine Reise durch Europa. Auch nennt er seine Frau häufig „meine Zigeunerin".

*„1. 7. 1941
Eine junge Griechin, Dijoni,
und die Gärtnersfrau!
Im Garten der Villa ‚Lopresti'"*

Einsätze im Zweiten Weltkrieg

„5. Mai 1941
Vor der Acropolis in Athen. Neben mir Kamerad Otto (das Schwäbele), Müllner und Ernst Philipp aus D'dorf"

„Schuhputzer am Bahnhof Athen"

„Villa Lopresti: auf meiner Terasse bei einem wissenschaftl. Vortrag über: Das Geheimnis des Alkohols und seine Wirkung!"
August 1941

Athen 1941

Zum Geleit

Namen von uraltem Klang, wie Thermopylen, Olymp, Isthmus von Korinth, sind durch den Siegeslauf unserer Waffen zu neuem, zu deutschem Ruhm erwacht. Orte wie Athen, Sparta, Olympia, Salamis, jedem Deutschen von jung auf vertraut, sind in diesem Kriege für viele in lebendige Nähe gerückt.

Es entspricht dem Geist des deutschen Soldaten, die Länder, in die das Schicksal des Krieges ihn führt, mit wachen Augen zu erleben und Stätten alter Kultur mit Ehrfurcht zu betrachten. So wie während des Feldzuges 1941 in Griechenland und Kreta kein einziges klassisches Kulturdenkmal durch unsere Waffen beschädigt worden ist, so bringen wir, wohin wir auch kommen, echter Kultur stets die Achtung entgegen, die ihr gebührt.

Soldaten der Wehrmacht im Südosten! Es ist mein Wunsch gewesen, Euch die Denkwürdigkeiten Griechenlands näherbringen zu lassen und so in Euch das Bewußtsein für Schönheit und Größe des alten Griechenlandes zu wecken und zu stärken.

Ich hoffe, daß dieses Buch, von Soldaten für Soldaten geschrieben, von persönlichem Erleben und echter Begeisterung beseelt, dazu beiträgt, daß Euch dieses Land, in das Euch der Befehl des Führers gestellt hat, zur bleibenden Erinnerung wird!

Der Kommandierende General und Befehlshaber im Luftgau Südost

General der Flieger

E. Kästner, Griechenland. Ein Buch aus dem Kriege, Berlin 1943. Das Buch wurde 1964 von Werner Steinbrecher in Athen im Antiquariat erworben.

3. Einsatz in Russland (April 1942 – März 1943)

Am 17. April 1942, fast ein Jahr nach dem Überfall auf die Sowjetunion am 22. Juni 1941, wird die Einheit Hubert Steinbrechers an die Ostfront versetzt. Auf dem Weg zur Front kommt er u. a. an Radom vorbei – 10 Tage später werden hier 70 jüdische Männer erschossen und 100 nach Auschwitz deportiert. Seine Einheit passiert auch Shitomir – am 19. September 1941 wurde das Ghetto von Shitomir liquidiert; 18.000 Opfer. Angekommen in Kiew wird Hubert Steinbrecher 2. Rechnungsführer und Kantinenverwalter. Am 21. Mai 1942 zieht die Einheit weiter nach Charkow, in eine Stadt, in der in den Monaten Februar/März desselben Jahres ein Massenmord an den Juden mit 14.000 Opfern stattgefunden hat. Charkow ist zu dieser Zeit Zentrum einer russischen Offensive und einer deutschen Gegenoffensive. Ende Juni 1942 wird Steinbrechers Einheit bei der Verteidigung eines Brückenkopfes am Don/Woronesch eingesetzt. Die Einheit wird in den Wintermonaten völlig aufgerieben. Hubert Steinbrecher ist inzwischen zum Obergefreiten befördert worden. Am 19. Januar 1943 beginnt für die wenigen Überlebenden seiner Einheit der Rückzug Richtung Kiew. Am 15. März fahren sie zurück nach Berlin.

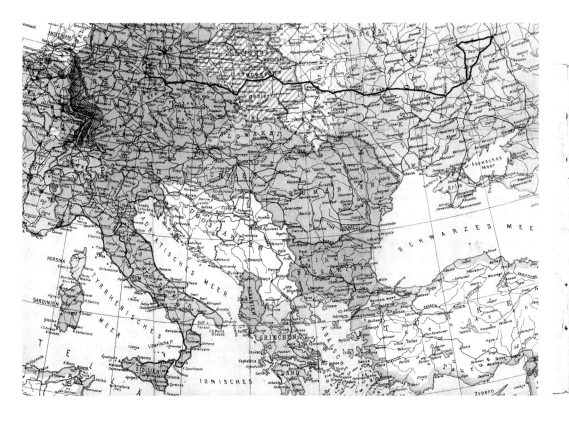

Einsätze im Zweiten Weltkrieg

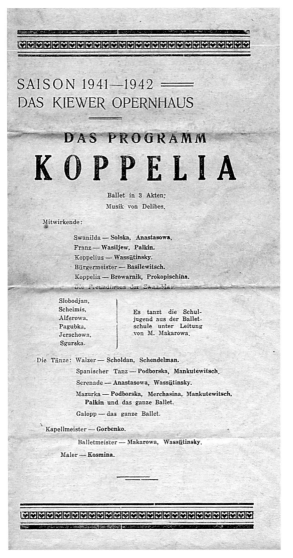

Auf dem Kantinenwagen. Sommer '42
„Im Nebenberuf Soldat, und sogar noch ein stolzer Soldat, aber im Hauptberuf Kaufmann" (Brief 29. 5. 1941)

Nur einmal ist in den Briefen Steinbrechers von Juden die Rede, und zwar wenn Hubert Steinbrecher von einem Opernbesuch in Kiew berichtet: „Das Orchester umfasste vor dem Krieg 129 Kräfte; davon waren 109 Juden! Du kannst Dir wohl vorstellen, wie schwer es ist, ein solches Orchester neu aufzustellen."
16. 5. 1942 (Kiew)

SONDERBEILAGE DES „SIEG"

Der Heldenkampf um Woronesh

Zähe, opfervolle Abwehrkämpfe gegen eine feindliche Übermacht — Ein Tatsachenbericht von Kriegsberichter Gustav Staebe

Unterstand ‚Villa Sonnenblick'

PK. — Seit den ersten Julitagen, an denen sich deutsche motorisierte Verbände nach einem ungestümen Vormarsch der bedeutenden sowjetischen Grosstadt Woronesh näherten, ist dieser Städtename für Front und Heimat der Inbegriff besonders erbitterter Kämpfe geworden. Den Offizieren, Unteroffizieren und Mannschaften, die die Besetzung der Stadt miterlebten, die in der grossen Abwehrschlacht im Nordwesten oder in den zahlreichen Einzelkämpfen am Nordrand, an der Nord-Südstrasse, am Universitätsviertel, im Krankenhaus, am Ufer des Woronesh-Flusses und im Südosten eingesetzt waren, wird „der Kampf um Woronesh" wohl immer in eindrucksvollster Erinnerung haften bleiben. Die verhältnismässig grosse Anzahl von Ritterkreuzen, die der Führer an die Verteidiger dieses Frontabschnittes verlieh, die hohe Anzahl der in diesen Kämpfen vernichteten feindlichen Panzer und des anderen zerstörten oder erbeuteten Kriegsmaterials, die endlosen Züge der Gefangenen und die Verlustlisten der gefallenen Bolschewisten sprechen eine eindringliche Sprache.

In diesen Kämpfen hat auch mancher deutsche Kamerad sein Leben gelassen. Die Kreuze der deutschen Soldatengräber stehen überall dort, wo der soldatische Einsatz das letzte und grösste Opfer forderte, mitten in der zerstörten Stadt, zwischen ausgebrannten Fassaden und Barrikaden, vor Fabriken, in Grünanlagen und an den Strassen und Ufern des Don. Und mancher deutsche Soldat ist aus diesen Kämpfen verwundet zurückgekehrt. Ihnen allen will dieser Bericht ein Denkmal setzen: den gefallenen und verwundeten Kameraden, denen, die hier tapfer kämpften und denen, die heute, tagaus, tagein, im Beschuss der feindlichen Artillerie, der Granatwerfer und der Luftwaffe die Stadt und diejenigen Abschnitte verteidigten, an denen die Bolschewisten immer wieder in das vernichtende Feuer der deutschen Verteidigung getrieben wurden.

Trotz allem: die Stadt wurde gehalten

Jeder deutsche Soldat, der hier eingesetzt wurde, hat begriffen, warum gerade diese Stellungen gehalten werden mussten. Hier war der Eckpunkt und Pfeiler der Front, die die ungestümen Angriffsoperationen gegen den Kaukasus und gegen Stalingrad zu decken hatte. Mit allen Kräften, die der Feind in dem Bestreben einsetzte, dazu, die Stadt zurückzuerobern, sei es durch Abschnürung vom Nordwesten und Südosten her oder durch Angriffe auf den Nordrand der Stadt oder das Westufer des Woronesh-Flusses. Als alle Versuche scheiterten, erliess Stalin einen besonderen Tagesbefehl an die an der bolschewistischen „Woronesh-Front" eingesetzten Kommandeure, Kommissare und Truppen. Aber auch dieser Befehl, der die Rückeroberung der Stadt zu einer hochpolitischen Prestigefrage der Sowjetunion machte, hat die deutsche Abwehrfront nicht zu erschüttern vermocht.

Ununterbrochen rollten die Transporte aus allen Richtungen in den Rücken der bolschewistischen Stellungen, und wenn ein Angriff abgeschlagen war, dann rückten bereits neue und ausgeruhte feindliche Verbände in ihre Bereitstellungsräume. Wie stark hierbei der Wunsch die eigene Stärke überschätzte, bewies die Propaganda der Sowjets, die die deutsche Sondermeldung von der Besetzung der Stadt damit abtat, dass sie wochenlang von den „Kämpfen westlich von Woronesh" sprach. Die Weltpresse, vor allem auch die Zeitungen in denjenigen Ländern, in denen von dem Krieg im Osten die Rettung vor einem deutschen Angriff auf England erwartet wird, nehmen aber seit langer Zeit alle Kriegsberichte aus Moskau mit der grössten Skepsis entgegen. Diese Vorsicht ist auch bei den Lügen über Woronesh am Platze gewesen. Woronesh blieb, allen bolschewistischen Falschmel-

...schetschnoje und südlich davon stehenden Feindkräfte nach dreitägigen harten Kämpfen geschlagen. Damit war der Weg für den weiteren Durchstoss unserer Panzer auf Woronesh geöffnet. Der Feind leistete überall hartnäckigen Widerstand. Gorschetschnoje konnte erst nach zähem Häuser- und Nahkampf genommen werden. Am 3. Juli hatten sich deutsche Panzerkräfte dem Don auf 20 km genähert, andere Einheiten standen vor Ssmljansk oder im Kampf gegen nördlichen Druck. Am Morgen des 4. Juli überschritten unsere Panzer südwestlich Woronesh den Don und bildeten an drei Stellen Brückenköpfe auf dem Ostufer. Gremjatsches und Ustje wurden genommen. Im Laufe dieses Tages näherten sich unsere Panzer auf 3 km dem Südrand von Woronesh.

Am 5. Juli hatte sich der Feind von der Ueberraschung gefangen, er versuchte nun, die Stadt in hartnäckigem Widerstand und durch Heranführung frischer Truppen zu halten. Indessen konnten unsere Brückenköpfe überall erweitert werden. Am 6. Juli wurde Woronesh vom Feinde geräumt, etwa 200 000 Einwohner folgten ihm, zwangsweise verladen oder freiwillig. Der Nord- und Westrand der Stadt wurde am selben Tage gegen nachlassenden Widerstand besetzt. An den folgenden Tagen wurde auch das andere Stadtgebiet westlich des Woronesh-Flusses genommen. Vereinzelte Feindkräfte, die in die...

Eine Hochburg der feindlichen Rüstung

Der Verlust dieser Stadt ist vom Sowjetregime bitter und schmerzlich empfunden worden. Wie Orel und Kursk war auch Woronesh die Hauptstadt des ebenso benannten „Gebietes" des Gliedstaates „Russland" (RFSFR) der UdSSR. Die innerpolitische Bedeutung entsprach etwa der einer deutschen Gauhauptstadt. Woronesh zählte vor der Besetzung über 400 000 Einwohner. Der Wichtigkeit entsprechend hatten die Bolschewisten die Stadt mit einer festungsartigen, nicht zu unterschätzenden Verteidigung umgeben. In der Stadt selbst lagen zwei ausgedehnte Kasernenviertel für Pionier-, Nachrichten- und Kavallerieeinheiten. Die sowjetische Luftwaffe verfügte neben einem Flughafen für den zivilen Luftverkehr über drei Militärflugplätze, sternförmig an der Peripherie der Stadt angelegt waren. Ausser den Kasernen der Luftwaffeneinheiten gab es eine besondere Schule für Fallschirmjäger, die noch kürzlich an ihrem hohen Absprungturm zu erkennen war.

Was Woronesh für die sowjetische Rüstungsindustrie bedeutete, ergibt sich aus einer Uebersicht über die wichtigsten Rüstungswerke: In einer ganzen Zahl von Fabriken wurden in Serienbau zwei- und viermotorige schwere Bomber und Jagdeinsitzer, Flugzeugmotore, leichte Panzer, Munition aller Art, Feldküchen, Feldbäckereien, chemische Kampfmittel, Fernsprechapparaturen, Funkempfänger, Sender und andere Rüstungserzeugnisse hergestellt. Aber auch die ostwärts des Woronesh-Flusses liegenden Rüstungsfabriken in der sowjetisch verbliebenen Vorstadt Monastyrschtschenka können durch deutschen Artilleriebeschuss und durch unsere Luftangriffe als vernichtet angesehen werden.

So sah es vorher aus

Auch auf dem zivilwirtschaftlichen Sektor war Woronesh für die Bolschewisten von grosser Bedeutung. In der Maschinenfabrik „Komintern" mit ihren Eisen- und Stahlgiessereien, ihren Hochöfen und einem Bessemerwerk wurden mehrere tausend Arbeiter beschäftigt. Im Werk „Elektrosignal" arbeiteten 15 000 Arbeiter. Hier wurden u. a. Traktoren hergestellt. Ebenso viele Arbeiter zählte das Lokomotivreparaturwerk...

28 Einsätze im Zweiten Weltkrieg

Auf dem Vormarsch. Mai '42

Auf dem Vormarsch. Mai '42

Urlaubsschein

Als Obergefreiter in Düsseldorf

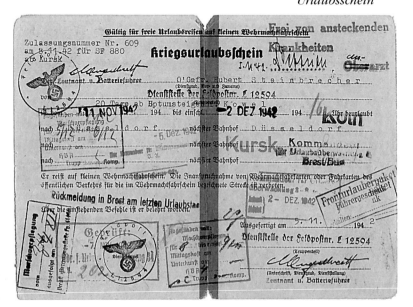

„Russland. Winter 1943 in Ostrogoshk"

Russische Gefangene

Nummer 118 — Tägliches Nachrichtenblatt einer Armee — Sonnabend, 20. Februar 1943

Dr. Goebbels im Sportpalast: Nun Volk steh auf und Sturm brich los
Deutschland bekennt sich zum totalen Krieg
Ein Volk der Soldaten und Arbeiter kämpft und schafft im unerschütterlichen Vertrauen zum Führer nur noch für den Sieg

Zu einer mitreißenden, machtvollen Kundgebung entschlossenen Kampfeswillens und höchster Einsatzbereitschaft wurde die große Volkskundgebung, in der Reichsminister Dr. Goebbels Donnerstag im Berliner Sportpalast zu den Männern und Frauen der Reichshauptstadt und zugleich zum ganzen deutschen Volke sprach. Wie so oft in entscheidungsschwerer Zeit waren mit den führenden Männern aus Partei, Staat und Wehrmacht, Reichs- und Gauleitern, Reichsministern und Generalen, die schaffenden Männer und Frauen Berlins, die Rüstungsarbeiter und Rüstungsarbeiterinnen mit ihren Werkführern, Männern der Wirtschaft und der Wissenschaft an der alten nationalsozialistischen Kundgebungsstätte versammelt, um aus dem Munde Dr. Goebbels Weg und Ziel des deutschen Schicksalskampfes aufgezeigt zu erhalten. Kämpfer der Ostfront, verwundete Soldaten, Ritterkreuzträger hatten in den ersten Reihen Ehrenplätze.

Reichsminister Dr. Goebbels wies einleitend auf die von ihm verlesene Proklamation des Führers zum Zehnjahrestag der Machtergreifung vor drei Wochen hin und erklärte, daß die Krise, in der sich unsere Ostfront augenblicklich befindet, damals auf dem Höhepunkt stand.

Ich glaube, das ganze deutsche Volk ist mit heißer Leidenschaft bei der Sache, die ich heute vorzutragen habe. Ich werde deshalb meine Ausführungen auch mit dem ganzen heiligen Ernst und dem offenen Freimut, den die Stunde von uns erfordert, ausstatten.

Schnell und gründlich handeln

Es ist jetzt nicht der Augenblick, danach zu fragen, wie alles gekommen ist. Das wird einer späteren Rechenschaftslegung überlassen bleiben, die in voller Offenheit erfolgen soll und dem deutschen Volk und der Weltöffentlichkeit zeigen wird, daß das [...] in den letzten Wochen [...] tiefe, schicksalhafte [...] große Heldenopfer, das [...] Stalingrad brachten, ist [...] nt von einer ausschlag[...]hen Bedeutung gewesen. Warum, das wird die [...] ean ich nunmehr über [...] nheit hinaus den Blick [...]nke, so tue ich das mit [...] Stunde drängt! Sie läßt [...]en für fruchtlose De[...]handeln, und zwar un[...]ad gründlich, so wie es [...] sozialistische Art ge[...]

[...] n Osten augenblicklich [...]sche Belastung. Diese [...]ig größere Ausmaße [...]icht, wenn nicht in der [...] doch in ihrem Umfang [...] Winters. Der Ansturm [...]seren ehrwürdigen Kon-Winter mit einer Wucht [...]e menschlichen und ge[...]ungen in den Schatten [...] Wehrmacht bildet ein [...]rbündeten den einzigen [...] kommenden Schutzwall.

[...] unseres Kampfes [...], daß wir bei den groß[...]angelegten Tarnungs- und Bluffmanövern des bolschewistischen Regimes das Kriegspotential der Sowjetunion nicht richtig eingeschätzt haben. Erst jetzt offenbart es sich uns in seiner ganzen wilden Größe. Dement-

Kraft, eine grundlegende Rettung Europas aus dieser Bedrohung durchzuführen.

Die dritte These lautet: Gefahr ist im Verzuge. Es muß schnell und gründlich gehandelt werden, sonst ist es zu spät.

Das Ringen um Stalingrad wurde in seiner tragischen Verwicklung geradezu zu einem Symbol dieses heroischen, männlichen Widerstandes gegen den Aufruhr der Steppe. Es hatte deshalb nicht nur eine militärische, sondern auch eine geistige und seelische Bedeutung für das deutsche Volk von tiefstgreifender Wirkung. Im Zeichen dieses heroischen Widerstandes stehen unsere weiteren schwersten Abwehrkämpfe im Osten. Sie beanspruchen unsere Soldaten und ihre Waffen in einem Umfange, der uns bei allen bisherigen Feldzügen vollkommen unbekannt gewesen ist.

Radikalste Selbsthilfe erforderlich
Die Lasten des totalen Krieges werden gerecht verteilt

Die Massen von Panzern, die in diesem Winter unsere östliche Front berennen, sind das Ergebnis eines 25jährigen sozialen Unglücks und Elends des bolschewistischen Volkes. Ich gebe meiner festen Überzeugung Ausdruck, daß wir die bolschewistische Gefahr auf die Dauer nur niederringen können, wenn wir ihr, wenn auch nicht mit gleichen, so doch mit ebenbürtigen Methoden entgegentreten. Die deutsche Nation steht damit vor der ernstesten Frage dieses Krieges, nämlich der, die Entschlossenheit aufzubringen, alles einzusetzen, was sie besitzt zu erhalten, und alles, was sie zum späteren Leben nötig hat, dazu zu gewinnen. Der totale Krieg also ist das Gebot der Stunde. Es muß jetzt zu Ende sein mit den bürgerlichen Zimperlichkeiten. Die Gefahr, vor der wir stehen, ist riesengroß. Riesengroß müssen deshalb auch die Anstrengungen sein, mit denen wir ihr entgegentreten. Es geht nicht mehr an, das reiche Kriegspotential unseres eigenen Landes, sondern der uns zur Verfügung stehenden bedeutenden Teile Europas nur

flüchtig und an der Oberfläche auszuschöpfen. Es muß ganz zur Ausschöpfung gelangen und zwar so schnell und ganz gründlich, als das organisatorisch und sachlich überhaupt nur denkbar ist.

Der übrige Teil Europas sollte hierfür wenigstens seine Arbeit zur Verfügung stellen.

Es geht hier nicht um die Methode, mit der man den Bolschewismus zu Boden schlägt, sondern um das Ziel, nämlich um die Beseitigung der Gefahr. Die Frage ist also nicht die, ob die Methoden, die wir anwenden, gut oder schlecht sind, sondern ob sie zum Erfolge führen. Jedenfalls sind wir als nationalsozialistische Volksführung jetzt zu allem entschlossen. Wir packen zu, ohne Rücksicht auf die Einsprüche des einen oder andern. Jedermann im ganzen deutschen Volk weiß, daß dieser Krieg, wenn wir ihn verlieren, nunmehr bis zur radikalsten Selbsthilfe zu greifen. Die breiten arbeitenden Massen unseres Volkes machen der Regierung

nicht zum Vorwurf, daß sie rücksichtslos, sondern höchstens, daß sie zu rücksichtsvoll vorgeht. Man frage landauf, landab das deutsche Volk, man wird überall nur die eine Antwort erhalten: Das Radikalste ist eben heute radikal, und das Totalste ist eben heute total genug, um den Sieg zu erringen. Darum ist die totale Kriegführung eine Sache des ganzen deutschen Volkes. Das Volk will alle, auch die schwersten Belastungen auf sich nehmen und ist bereit, jedes Opfer zu bringen, wenn damit dem großen Ziel des Sieges gedient wird. Die Voraussetzung dazu ist selbstverständlich die, daß die Lasten gerecht verteilt werden.

Ich habe schon in der Öffentlichkeit erklärt, daß die kriegsentscheidende Aufgabe der Gegenwart darin besteht, dem Führer durch einschneidendste Maßnahmen in der Heimat eine operative Reserve bereitzustellen, die ihm die Möglichkeit gibt, im kommenden Frühjahr und Sommer die Offensive aufs neue aufzunehmen und den Versuch zu machen, dem sowjetischen Bolschewismus den entscheidenden Schlag zu versetzen. Je mehr wir dem Führer an Kraft in die Hand geben, um so vernichtender wird dieser Schlag sein.

Luxusgeschäfte geschlossen

Der Minister zählte dann die bereits getroffenen Maßnahmen, wie Schließung der Nachtlokale, Luxusrestaurants, Luxus- und Repräsentationsgeschäfte usw. auf, die im Sinne der totalen Kriegsbesichtigung des ganzen Volkes getroffen wurden und fuhr fort: Was dem Volke dient, was seine Kampf- und Arbeitskraft erhält, stählt und vermehrt, das ist gut und kriegswichtig. Das Gegenteil ist abzuschaffen. Ich habe deshalb als Ausgleich gegen die getroffenen Maßnahmen angeordnet, daß die geistigen und seelischen Erholungsmöglichkeiten des Volkes nicht vermindert, sondern vermehrt werden. Soweit sie unseren Kriegsanstrengungen nicht schaden, sondern sie fördern, müssen sie auch von den Staats- und Volksführung eine entsprechende Förderung erfahren. Das gilt auch für den Sport.

Mit dem Führer durch dick und dünn
Der Feind wird uns im kommenden Sommer in alter Offensivkraft kennenlernen

Ich möchte in diesem Zusammenhang auch über einige praktische Maßnahmen des totalen Krieges, die wir bereits getroffen haben, ein paar Worte verlieren.

Das Problem, um das es sich dabei handelt, heißt: Freimachung von Soldaten für die Front, Freimachung von Arbeitern und Arbeiterinnen für die Rüstungswirtschaft. Es müssen im Rahmen dieser Aktion Hunderttausende von u.k.-Stellungen in der Heimat aufgehoben werden. Diese u.k.-Stellungen waren bisher notwendig, weil wir nicht ausreichende Fach- und Schlüsselkräfte zur Verfügung hatten, die durch Aufhebung der u.k.-Stellungen leer werdenden Plätze

eine spießige Bequemlichkeit über das nationale Pflichtgebot stellen? Wer wollte jetzt noch angesichts der schweren Belastung, der wir alle ausgesetzt sind, an seine egoistischen privaten Bedürfnisse denken und nicht an die über allem stehenden Notwendigkeit des Krieges?

Ich streite nicht ab, daß uns auch angesichts der Durchführung der eben angedeuteten Maßnahmen noch sorgenvolle Wochen bevorstehen. Aber damit schaffen wir jetzt endgültig Luft. Wir stellen diese Maßnahmen auf die Aktionen des kommenden Sommers ein und begeben uns heute, ohne Drohungen und Großsprechereien, in

mungsloses Antlitz hineingeschaut. Es weiß nun die grausame Wahrheit und ist entschlossen, mit dem Führer durch dick und dünn zu gehen.

Was nun geschehen, wenn wir uns den harten Proben dieses Krieges mit fester Entschlossenheit unterziehen! An der Sicherheit unseres Sieges gibt es bei uns keinen Zweifel. Während unsere Fronten im Osten ihre gigantischen Abwehrschlachten gegen den Ansturm der Steppe schlagen, rast der Krieg unserer U-Boote über die Weltmeere. Der feindliche Tonnageraum erleidet an höchstgeschraubten Ersatz- und Neubauten noch

4. Verschiedene Einsätze in Mitteleuropa (April 1943–Juli 1945)

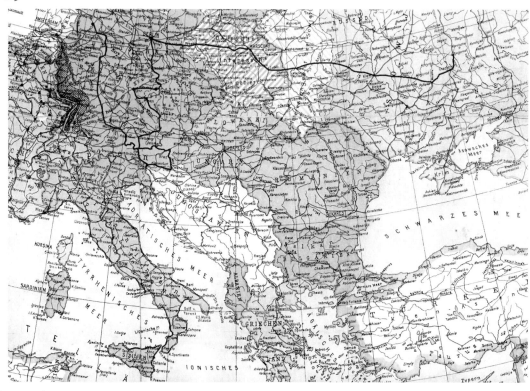

Nach dem Einsatz im Osten kehrt Hubert Steinbrecher nicht mehr an die Front zurück. Bis zum Ende des Krieges ist er als Rechnungsführer in Brüx, Eger, Marburg (Drau) und Leipnitz aktiv. Die Familie rückt in diesen Jahren in seinen Briefen völlig in den Vordergrund. Die Zeit wird bestimmt einerseits von der Sorge wegen der zunehmenden Bombardierungen der Heimat, andererseits von der Freude über die Geburt der Tochter Rita (Januar 1944). Am 30. Januar 1945 bekommt Hubert Steinbrecher das Kriegsverdienstkreuz mit Schwertern. Am 9. Juli wird er von den Engländern aus dem Kriegsdienst entlassen.

Einsätze im Zweiten Weltkrieg

Freizeiturlaub in Prag.
25. 8. 43

Heimaturlaub in Visbek mit Frau und Tochter.
Mai '44 (?)

Nach einem Luftangriff auf Brüx.

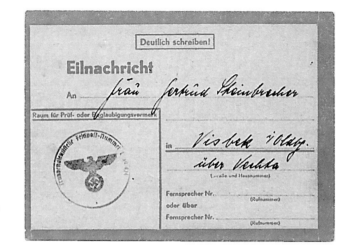

Einsätze im Zweiten Weltkrieg

Im Namen des Führers und Obersten Befehlshabers der Wehrmacht

verleihe ich

dem

Obergefreiten
Hubert Steinbrecher
1./ lei. Flakabt. 746

das

Kriegsverdienstkreuz 2. Klasse mit Schwertern

Wien, den 30. Januar 1945

Der Kommandierende General und Befehlshaber im Luftgau XVII

General der Flieger.

40.— / 80.— RM.
Entlassungsgeld gezahlt.

Mit Verpflegung versorgt bis _____ 1945 einschl.
(_____ Tage)

Deutsche Entlassungsstelle, Aalen.

Nr. A 320 Visbek
Arbeitsamt Vechta

Finanzamt Düsseldorf-Süd

Entlassungsschein · Certificate of discharge

Nr. 74622

I. PERSÖNLICHE ANGABEN / PERSONAL PARTICULARS

Familienname des Inhabers / Surname of holder	STEINBRECHER
Geboren am / Date of birth	21. 2. 06
Vorname / Christian Name	HUBERT
Geburtsort / Place of birth	DUESSELDORF
Zivilberuf / Civil occupation	KAUFMANN
Familienstand / Family status	Ledig / single Ø
Heimatanschrift / Home address	VISBEK OLDENBURG
Zahl minderjähriger Kinder / Number of children who are minors	

Ich bestätige hiermit, daß nach meinem besten Wissen und Glauben die oben gemachten Angaben wahrheitsgemäß sind. Ich bestätige fernerhin, daß ich die „Instruktionen für entlassene Wehrmachtsangehörige (Control Form D. 1) gelesen und verstanden habe.

I hereby certify that to the best of my knowledge and belief the particulars given above are true. I also certify that I have read and understood the 'Instructions to personnel on discharge' (Control Form D. 1).

Eigenhändige Unterschrift des Inhabers / Signature of the holder

HUBERT STEINBRECHER

Name des Inhabers in lateinischer Druckschrift / Name of the holder in Latin capitals

II. **Ärztliche Bescheinigung · Medical certificate**

Besondere Kennzeichen / Distinguishing marks	KEINE NONE
Gebrechen oder Dienstunfähigkeit, mit Beschreibung / Disability, with description	KEINE NONE
Ärztliche Klassifizierung / Medical category	AV WORK SERVICE

Ich bescheinige hiermit, daß nach meinem besten Wissen und Glauben die oben gemachten Angaben über den Inhaber wahrheitsgemäß sind und daß derselbe ungezieferfrei ist und von keiner ansteckenden oder Infektionskrankheit behaftet ist.

I certify that to the best of my knowledge and belief the above particulars relating to the holder are true and that he is not verminous or suffering from any infectious or contagious desease.

Unterschrift des Truppenarztes / Signature of medical officer

DR RICHTER STABSARZT

Name und Dienstgrad des Truppenarztes (in lateinischer Druckschrift) / Name and rank of medical officer (in block Latin capitals)

III.

Die oben beschriebene Person wurde entlassen am / The person to whom the above particulars refer was discharged on: **9. 7. 45**

aus d / from the: **LUFTWAFFE**

Datum der Entlassung / date of discharge

Dienstsiegel / Official impressed seal

Rechter Daumenabdruck / Right thumbprint

Beglaubigt / Certified by

Name, Dienstgrad und Amt des Alliierten Offiziers für Ausmusterung (in Druckschrift) / Name, rank and appointment of Allied discharging officer (in block Latin capitals)

Ø Nichtzutreffendes durchzustreichen. / Ø Delete that which is inapplicable.
*) Einzufüllen „Wehrmacht", „K.M.", „Luftwaffe", „Volkssturm" oder halbmilitärische Organisationen, z. B. „RAD.", NSFK." usw.
*) Insert 'Army', 'Navy', 'Air Force', 'Volkssturm' or para-military organization, e. g. 'RAD.', 'NSFK'. etc.

gedankt! Eine gibst du Ernst 30,- EM mit, die anderen
30,- EM per Post aufgegeben, und Kam. Schmitz präsen-
tiert zu allem Übel auch noch eine Rechnung über 25,- EM,
das macht zusammen 105,- EM! Ich werd' verrückt. Ja,
und praktisch, den Betrag, den ich einmal für Einkäufe be-
nenne 3x an! Nö, mein liebes Mädelchen, hast es ja so
gut gemeint, und diese Zufälle mit Ernst und Schmitz
kamen für uns beide überraschend. Jedenfalls danke ich
Dir erst ganz besonders herzlich; etwas Geld werde ich mir
als Bierhalten, aber, wenn das Geld per Post bei uns ankommt, werde ich versuchen, Dir etwas zurückzuschicken.
Einverstanden, mein Schätzchen? Hoffentlich hast Du das
Geld auch noch auf frühes meines Gruß es Kam. Schmitz
brief oder dergleichen mitgegeben. Mein Koffer ist ganz-
so voll mit Reisewaren, und 2 Würste hatte ich auch
noch! Also, mehr als reichlich versehen. Immerhin, so
kann ich alles gut gebrauchen, und ich danke Dir von ganzem Herzen für alles, für deine Liebe und Sorge. Besonders aber
für die innigen Geburtstagsküsschen! Ja, mein liebes Kä-
the feicke fühlte ich, wie ich in deinen Armchen liege,

den 5.12.1940

Liebe Gertrud!

Nun will ich mal Deinen lb. Brief vom 27.11. beantworten, da ich leider bisher nicht dazu gekommen bin. Es ist Donnerstag-morgens 10 Uhr, also eine ganz ungewöhnliche Zeit zum Schreiben. Wie das kommt? Ja, mein Schatz, diese Nacht konnte ich mal mit Recht sagen: Steh' ich in finstrer Mitternacht! Ja, mein Lieb, ich habe von 11-1 Uhr und von 5-7 Uhr Wache gestanden; jetzt geht's gleich von 11-1 Uhr nochmal los. Und dann haben wir hoffentlich Dienstfrei und Ausgang, hoffentlich. Unsere ganze Batterie war nämlich hier zusammen, zur Übung. Und nun standen die Fahrzeuge alle auf der Straße und wir mußten immer mit 3 Mann - scharf geladenem Karabiner Wache stehen. Mir macht ja so etwas nicht viel aus. Ich habe nur 3½ Stunden geschlafen, natürlich in voller Uniform. So ist das, mein kleiner Schatz. Du schreibst so nett in Deinem lb. Brief, daß Du mir die Freude am Soldaten-Leben gönnst und meine stille Sehnsucht, auch dabei zu sein, erfüllt wäre. Ja, liebes Fräulein, ich glaube, ein klein wenig irrst Du dabei. So furchtbar groß war die Sehnsucht garnicht und ich wäre wohl hundertmal lieber bei meinem süßen, kleinen Schatz geblieben, denn ich wußte ja von all den vielen Gekommen, daß es eine große "Scheiße" ist. Aber, mein Lieb, ich wußte ja immer, daß auch ich dran kommen würde, und warum sollte ich da uns Dir und mir selber vorher das Herz - den Abschied schwer machen? Darum habe ich immer versucht, mich darauf zu freuen! Man muß eben versuchen, jeder noch so miesen Situation etwas Humor abzugewinnen. Und das habe ich ja immer getan. So, kleiner Schatz, sieht die Sache also aus. Nun mal zu den Päckchen zurück. Du kannst Du wohl denken, wie ich mich über die Zigarillos und auch über den Kuchen gefreut habe. Ich schrieb damals nur deshalb, Du sollst mir nichts schicken, weil wir jeden Tag damit rechnen konnten, hier fort zu kommen, und dann hätte ich ein Päckchen evtl. wieder nicht bekommen. Aber ich glaube, Du kannst es vorerst riskieren! Und ich freue mich darauf. Wie ist es nun, hast Du schon etwas erfahren, wo Karl steckt? Mit der Kameradschaft geht es mir übrigens fast genau so. Hier sind fast nur Süddeutsche, und die kann man sehr schwer verstehen. Auch kommt es schwer zu einer Kameradschaft. Allerdings von den Leuten, die mit mir eingezogen, sind noch einige bei mir. Aber es ist alles schon so was, denn die Geister von Ihnen haben moralisch ganz andere Ansichten wie ich, und Du weißt, kleines Lieb, dies ist nichts für mich. Aber sonst halten wir prima zusammen.

So, kleiner Schatz, nun hast Du wieder einen kleinen Bericht von mir. Die heße Sache habe ich bereits hinter mir. Mit dem Ausgang gibts heute leider nichts, denn wir sollen möglichst schlafen. Ja, Kunst haben wir jedenfalls nicht mehr und meine „Puste, der Karabiner ist auch schon wieder blitzblank. Ich will jetzt noch eben an Theo schreiben, von dem ich auch eine Karte erhielt.

Dir, liebe Gertrud, alles Gute wünschend, grüßt und küßt Dich herzlichst

Dein Hubert.

Es ist schwer, den Inhalt der Briefe zu beschreiben, die Hubert Steinbrecher an seine Frau geschrieben hat, neigt der Blick des Betrachtenden doch ständig dazu, das Auffällige, das Aufregende zu suchen. Die Briefe erzählen aber vor allem immer wieder von ... Briefen. Von Briefen, die Hubert Steinbrecher von seiner Frau bekommen oder (noch) nicht bekommen hat. Von Briefen, die er schreibt – in Ruhe, in Eile unterwegs, im Wagen auf den Knien, im Zelt unter einem Bombenregen. Sie erzählen vom Einkaufen als „Tourist" und später als Ein- und Verkäufer für die Kantine und „seinen Laden". Sie erzählen vom Essen, von Zigarillos, vom Wein in Griechenland und Sekt und Schnaps in Russland, vom Skatspielen und vom Warten. Sie erzählen von Zuhause, wie schön es früher war und nachher wieder sein wird, von Urlaubswünschen und Urlaubserinnerungen und von der gemeinsamen Liebe. Auffällig ist aber auch, was in den Briefen nicht vorkommt: kein negatives Wort über Juden, kein Wort über sogenannte Untermenschen, kein Wort über Gefangene. Die Briefe sind insgesamt wenig ideologisch geprägt, wenig politisch, wenig dramatisch.

Im Folgenden wird der Versuch unternommen, den Inhalt der Briefe nach einigen Gesichtspunkten zu ordnen. Vorab sei jedoch darauf hingewiesen, dass Feldpostbriefe ein verzeichnetes Bild der Realität geben können, denn sie unterliegen sowohl einer inneren als auch einer äußeren Zensur. Buchbender und Sterz schreiben in ihrem Buch „Das andere Gesicht des Krieges. Deutsche Feldpostbriefe 1939–1945", dass Feldpostbriefe eine wichtige „Innenseite" des Krieges zeigen. Der einzelne Mensch und sein persönliches Schicksal stehen in diesen Briefen im Zentrum.[1] Über die äußere Zensur schreiben sie: „Die Briefzensur sollte bereits durch die Tatsache, dass es sie gab, jeden Soldaten zur ‚Verschwiegenheit und Disziplin' in seinen Schreiben anhalten. Außerdem sollte sie der militärischen Führung durch die Postsendungen ein ‚unverfälschtes Bild über die Stimmung der Truppe und der Heimat' liefern." Der letzte Satz legt allerdings die Vermutung nahe, dass die Zensur keinen allzu großen Einfluss auf die Soldaten hatte. Zwei Hinweise auf Zensur finden sich in den früheren Briefen von Hubert Steinbrecher. Er wird später jedoch nicht mehr darauf zurückkommen.

24. 11. 1940 (Frankreich)
Du bist anscheinend ganz traurig darüber, dass ich nie etwas von süßen Küsschen geschrieben habe. Wir mussten aber bis vor 3 Tagen unsere Post geöffnet abgeben, da sie kontrolliert wurde. Jetzt können wir die Briefe zukleben, allerdings werden immer Stichproben gemacht. Du kannst Dir ja nun denken, dass ich so etwas nicht jedem schriftlich zeige.

17. 2. 1941 (unterwegs)
Es ist ja so etwas Schönes, wenn wir zwei so nett zusammen plaudern, aber leider kann bzw. will ich nicht immer so schreiben, was das Herz erfüllt, da die Post kontrolliert wird, wenigstens teilweise.

---

[1] Ortwin Buchbender und Reinhold Sterz, Das andere Gesicht des Krieges. Deutsche Feldpostbriefe 1939–1945, München 1982, 13. Sie beziffern die Anzahl der Feldpostbriefe, die während des Zweiten Weltkrieges zwischen Heimat und Front hin und her wanderten, auf 40 Milliarden.

1. Der touristische Blick

Die Zeit von der Einberufung im Oktober 1940 bis zum Ende des Einsatzes in Griechenland im Dezember 1941 ist durchgängig von großem Optimismus geprägt. Deutschland hat sich aufgemacht, die Welt zu erobern und Hubert Steinbrecher ist dabei. Der Krieg ist wie eine Ferienreise, die mit dem Einmarsch in Athen gekrönt wird. Der Einsatz in Russland bedeutet eine deutliche Zäsur im Leben des Soldaten Steinbrecher. Das Gefühl als Tourist in Europa unterwegs zu sein, das die Briefe des Jahres 1941 durchzieht, wird in späteren Briefen nicht mehr beschrieben.

8. 3. 1941 (unterwegs nach Griechenland)

Dass ich wenig Zeit und Gelegenheit zum Schreiben habe, kannst Du Dir wohl denken, denn Ihr habt ja das „Neueste" immer im Radio bzw. in der Zeitung. Und ich erlebe dies alles in Wirklichkeit mit! Es ist ganz herrlich, so durch die wunderbare Welt zu fahren, zu sehen und zu erleben; dann denkt man gar nicht daran, dass die ganze Sache so ernst ist und bestimmte Länder mit Zittern der kommenden Dinge entgegensehen werden. Wir dagegen denken nicht daran, im Gegenteil, da wird gesungen und Mundharmonika gespielt, auch auf der Fahrt, und diese letzte Fahrt glich einem wahren Triumphzug! Freude und Jubel überall!

10. 3. 1941 (Startchewo, Bulgarien)

Liebe Gertrud!
Nun sollst Du mal wieder ein kleines Brieflein von mir bekommen, und hoffentlich geht es schnell fort, damit Du nicht allzu lange zu warten brauchst. Denn ich weiß ja, wie Du, mein Lieb, voll Sehnsucht auf Post von mir wartest. Mir geht es ja genau so. (...) Wir liegen zu 6 Kameraden in einem Bauernhaus, also wieder dörflich; jeder hat es sich so gemütlich wie möglich gemacht. Einige schreiben, die anderen liegen auf dem Sack und ruhen sich, und einer spielt auf seiner Mundharmonika, die nun schon, ganz genau wie ich, eine kleine Europa-Reise mitgemacht hat. Soldaten-Idyll!
Schaue ich hinaus oder trete vor das Haus, dann bietet sich dem Auge ein ganz herrlicher Ausblick! Von einer Höhe sehe ich ins Tal, dahinter bzw. ringsum hohe, grüne Berge und Felsen und an einer Seite schlängelt sich ein Fluss an den Bergen vorbei. Ja, manchmal mutet es fast an, als wäre es am Oberrhein, wenn nicht ... ja wenn nicht gleich dahinter schneebedeckte Bergriesen ihre Häupter majestätisch zur Sonne emporreckten. Augenblicklich werden sie zwar vom Vollmond beleuchtet und auch dies ist ein herrliches Bild – teilweise sind diese Bergriesen weit über 2000 Meter hoch. Aber auch wir genießen „Höhenluft"! Von allen Seiten erklingen die Glöcklein der Schafherden, die langsam zu den Ställen ziehen. Ja, mein Schätzchen, langsam hat man sich an diese Bilder gewöhnt, namentlich in den letzten 14 Tagen, und doch wird man immer wieder davon bezaubert. Es ist ganz großartig, und als schäbiger Zivilist hätte ich dies wohl niemals zu sehen bekommen. Schade, dass unsere Fahrt an sich einen ernsten Charakter hat ...

23. 3. 1941 (Startchewo, Bulgarien)

Ja, all die schönen Bilder werde ich wohl nie vergessen, und wer weiß, was ich noch alles zu sehen bekomme. Und darauf freue ich mich! Du, mein liebes Mädchen, weißt ja noch gut, wie mich immer eine gewisse Sehnsucht erfasste; hinaus in die Welt! War es eine Vorahnung? (...) Ja, und wenn ich dann zurückkehre, wird wohl meine Sehnsucht nach fernen Ländern etwas gestillt sein, denn dann kenne ich Europa, Land und Leute, so ziemlich und kann Dir viel Schönes und Neues erzählen, an schönen, gemütlichen Abenden, bei einem Gläschen Likör oder Wein; und dann wirst Du, mein Lieb, wie immer, dankbar zuhören und mit mir die große Zeit durchleben. Ja, es ist manchmal wirklich schön, Soldat zu sein, das große Geschehen mit erleben zu dürfen!

10. 4. 1941 (Startchewo, Bulgarien. Kurz vor dem Einmarsch in Griechenland)

Na, hoffentlich fahren wir bald weiter und machen unsere schöne Osterfahrt! Wie heißt es doch da? „Wem Gott will rechte Gunst erweisen, den schickt er in die weite Welt"! Ich habe also demnach sehr viel Gunst erhalten, und das freut mich dann auch.

5. 5. 1941 (Athen)

... um 1 Uhr ging es mit dem LKW ab ... nach Athen! Jawohl, Athen! Meine Hoffnung ist Wirklichkeit geworden, mein langer, geheimer Wunsch ist erfüllt! Ich habe die wohl schönste Kulturstätte der Welt gesehen, Akropolis! (...) Ja, liebe Gertrud, es hat sich gelohnt, diese Reise zum Balkan; ich werde sie nie vergessen ...

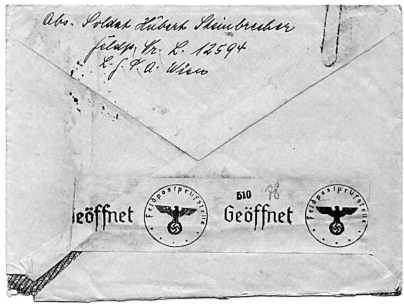

2. Der männliche Blick

Hubert Steinbrecher verbindet am Anfang seiner Dienstzeit mit dem Soldatenleben ein positives Gefühl, das sich auch an der Uniform festmacht. Die Uniform macht stolz. Soldat-Sein verbindet sich mit dem erhabenen Gefühl, Teil einer tapferen, bedeutenden Welt zu sein. In Russland äußert sich dieses stolze, männliche Gefühl in der Verpflichtung zur Standhaftigkeit.

27. 10. 1940 (Bonn, erster Brief nach der Einberufung am 23. 10. 40)

Liebe Gertrud!
Nun sollst Du heute, am schönen Sonntagnachmittag, mal ein kleines Briefchen erhalten und ein bisschen von Deinem „Soldaten" erfahren. Ich sitze hier gemütlich mit meinen Kameraden auf der Stube, zu 6 Mann. Einige lesen, andere machen Toilette, und ich schreibe an mein liebes Frauchen. Also, mir geht es soweit ganz gut. Ich bin „Stuben-Ältester", also schon etwas geworden. Das Essen ist gut; der Dienst ist ungewohnt, aber man gewöhnt sich an alles. Das wirst Du, liebes Kind, ja auch leider tun müssen. Inzwischen sind wir eingekleidet und ich habe heute den Staatsanzug an. Prima! Du müsstest Dein Männchen so mal sehen. (...)

24. 5. 1941 (Ekali bei Athen)

Übrigens von meinem Arm konnte der Arzt damals nicht viel sagen, ich mache die Gewehrübungen, so gut es geht; ja, ich bemühe mich, dass es gut klappt, denn ich möchte trotz allem nicht hinter meinen Kameraden zurückstehen und den Lehrgang hier mit guten Noten beschließen. Dann erst werde ich ja wohl ein vollwertiger, zackiger Soldat sein, auf den mein kleines Frauchen stolz sein wird!

27. 7. 1941 (Ekali bei Athen)

Also, der Chef unserer 1. Batterie, Oberleutnant Jäger, bekam heute von einem General hier das ihm vom Führer verliehene Ritterkreuz feierlich überreicht! (...) Er ist ein unerhört tapferer und kaltblütiger Offizier. (...) Dies war ein ganz großes Erlebnis. Unsere Kapelle war durch die Regiments-Kapelle verstärkt; einfach pfundig! Zum ersten Mal habe ich als Soldat so etwas erlebt, auf dem klassischen Boden Griechenlands! Dies wird mir ewig unvergesslich bleiben! Es war eine erhebende Stunde! Ja, mein Lieb, dann vergisst man die schweren Stunden, dann ist man so ganz Soldat!

19. 9. 1942 (Russland, Ostrogoshk)

Ich aber bin kein feiges Weib, sondern ein Mann und halte aus, solange es geht! Hier handelt es sich nämlich nicht nur um Krieg und Deutschland, sondern ... um die geliebte Heimat! (...) Ich weiß, wenn meine Uhr abgelaufen ist, ist es aus, ob in Russland, oder Regensburg, oder im Westen! Und wenn nicht, dann mag kommen was will, und ich bleibe am Leben!! Das, meine liebe Gertrud, bestimmt mich, da auszuhalten, wo der Herrgott mich hingestellt hat! (...) Nein, mein liebes Mädchen, ich fühle mich gesund, denke echt deutsch und halte mit Millionen Kameraden aus! Ich weiß, wir sind die Blödel, die Dummen, aber trotzdem bin ich kein Feigling!

13. 3. 1943 (Kiew)

Du kannst Dir ja vorstellen, dass mir der Abschied an sich hier nicht leicht fällt. Gemeinsame Erlebnisse mit den Kameraden, meine einzigartige Stellung hier hindern doch stärker, als man denkt. Und ich glaube schon, dass mal Stunden kommen, wo ich mich nach meinem alten mot.-gel. [geländegängig motorisiert] Haufen zurücksehne.

den 19.11.43

Meine liebe, kleine Frau!

Nachdem ich gestern leider nicht zum Schreiben gekommen bin, muss ich dies heute doch schnell nachholen. Zuerst aber danke ich Dir recht herzlich für Deinen lieben Brief vom 14.11., den ich heute erhielt. Ueber die lieben Sonntagsgrüsse und das innige Gedenken habe ich mich sehr gefreut und es macht mich recht glücklich, dass Du, mein liebes Kind, so froh und zufrieden bist. Im letzten Kurzurlaub konnte ich mich ja schon davon überzeugen, aber ich lese es aus Deinen lieben Zeilen immer wieder. Aber, wenn alles gut geht, werde ich heute in 8 Tagen wieder bei Dir sein oder wenigstens unterwegs zu Dir. Natürlich werde ich versuchen, wieder Freitags zu fahren, damit ich über Sonntag bei meinen beiden Kinderchen bin. Den Grund kannst Du Dir ja auch denken, aber gerade des Sonntags ist es auch so schön zu Hause und deshalb will ich die Tage so wählen. In diesen Zusammenhang kann ich Dir auch gleich für Deine Mühe betr. der Züge danken, jetzt weiss ich wenigstens, wie ich Anschluss habe. Es ist ja ein verteufeltes Pech, dass ich die ganze Nacht in Osnabrück herumlaufen muss, da ich Abends nicht zeitig genug in Osnabrück sein kann. Schade, eine kostbare Nacht geht nutzlos dahin. Aber dies ist nicht zu ändern, und wir müssen und wollen auch mit den Stunden, die wir haben, zufrieden sein. Jedenfalls ist die Verbindung von und nach Cloppenburg noch miserabler als Visbek über Vechta. Naja, hoffentlich geht alles gut, sodass ich nächste Woche mein kleines Schmüserken in meinen Armen halten kann. Freust Du Dich, mein Kind? Ja, das glaube ich schon, denn mir geht es ja genau so. Und die kleine Margreth, die wird sich doch sicher auch freuen, wenn der Onkel Hubert mal wieder auf Urlaub kommt und mit ihr spielen kann? Ja, mein Schätzchen, so träume auch ich immer wieder von schönen, glücklichen Stunden daheim und wünschte nur, dass es recht viele Stunden oder bald sogar für immer wäre. Und wenn unser kleines Ströppchen mal da ist, wird die Sehnsucht wohl noch grösser sein. Aber wir wollen ja froh sein, dass ich bis jetzt mit heilen Knochen aus dem Zauber herausgekommen bin, und deshalb will ich auch gerne warten, bis die Stunde der endgültigen Heimkehr geschlagen hat. Heinz hat ja noch mehr Pech wie ich, denn er ist jetzt schon den 3. Winter in Russland. Er hoffte ja immer, dass auch sie bald näher zur Heimat kämen, aber bis jetzt sitzt er immer noch an seinem alten Platz. Vor einigen Tagen erhielt ich noch einen Brief von ihm. Trotzdem hat auch er noch Glück, dass er noch gesund geblieben ist. Wenn ich dagegen an Theo denke, dann kommt mir das geradezu komisch vor, dass gerade er, der so grossen Schiss vor dem Barras hat, auf dem schnellsten Wege eine verpasst bekam. Aber auch dies wird bestimmt nicht so schlimm sein. Dass er nach Deutschland ins Lazarett gekommen ist, hängt bestimmt damit zusammen, dass man in Russland die Lazarette von solchen Kranken, die transportiert werden können, frei macht. Und Theo wird dies garnicht so unangenehm sein, was ja jeder verstehen kann. So hat er wahrscheinlich auch Aussicht auf Weihnachtsurlaub, und dies ist eine schöne Aussicht. Ob ich Weihnachten bei Dir bin? Eine Frage der Zeit. Aber wenn Du, mein Herzmädchen, weiterhin schön lieb bist und kräftig alle Däumchen drückst, und wenn wir nicht zu Schiessplatz Dramburg fahren, habe ich die Aussicht, wenn auch nicht gerade zum Fest, so doch in der Oktav mal schnell meine Weihnachtsküsschen persönlich abholen zu können! Nun bist Du platt, was Kind? Ja, wir "Heimatsoldaten" wälzen immer ganz gewaltige Urlaubs-Schlachtpläne, wie Du siehst, aber bei uns kommt immer das grosse ... "wenn"! Hauptsache ist aber, dass die Aussicht wenigstens besteht, und so können wir immer noch ein klein wenig Hoffnung haben. Ich lege Dir nun auch Päckchenmarken bei, die ich bald ganz vergessen habe. Aber, mein Herzlieb, für mich schicke vorerst mal kein Päckchen ab, darüber reden wir mal erst bei unserem nächsten gemütlichen Zusammensein. Aber wenn Du so eine Kleinigkeit erübrigen kannst, dann schicke doch bitte an Heinz ein Päckchen, damit er auch etwas hat. Du kannst meinetwegen alle Marken für ihn benutzen!

Ja, mein kleines Frauchen, dann sehe ich zu meinem grössten Erstaunen, dass die Herdfrage noch nicht gelöst, im Gegenteil, noch schwieriger geworden ist. Das ist ja riesenhaftes Pech, und ich bin fest davon überzeugt, dass die Eltern da einen ganz groben Fehler gemacht haben. Sie durften den Schein nur umschreiben lassen unter dem Vorwand, dass sie in Cloppenburg einen Herd kaufen könnten, aber der Schein anders sein müsste. Das haben die Eltern bestimmt total verkehrt gemacht. Natürlich bin ich stark dagegen, dass das Wohnungsamt sich in unsere Wohnungsangelegenheit hineinmischt bzw. da Wind von bekommt, denn letzten Endes bin ich garnicht gewillt, auf diese Wohnung zu verzichten, was uns evtl. dann passieren kann. Die Eltern müssen sehen, wie sie mit dem Schein fertig werden, oder sie müssen selbst versuchen, einen Herd zu bekommen, und wir lassen bei nächster Gelegenheit unseren Herd vom Schlächter mitbringen. Was nun die Heizgelegenheit bei Dir in der Wohnung betrifft, so ist das ja im Augenblick grosse Scheibe. Aber eine Lösung muss da gefunden werden, und zwar möglichst bald. Ist es vielleicht möglich, dass Hubert so einen kleinen elektr. Heizkörper auftreibt? Zur Not ginge das ja vorerst mal, natürlich müsstest Du dann auch wieder einen elektr. haben. Na, nächste Woche werde ich mich selbst für den Fall mal interessieren und mit Hubert überlegen. An die Eltern werde ich in den nächsten Tagen auch schreiben, wenn ich mir die Sache mal gründlich überlegt und hier Erkundigungen eingezogen habe. Jedenfalls sieht die "Soziale Hilfe und Fürsorge" für die arme, schwergeprüfte Bevölkerung sehr sehr billig aus, und ich weiss, was ich davon zu halten habe! Soll mir später mal einer kommen! Wenn man den Leuten noch nicht mal einen Herd mehr liefern kann, damit sie etwas heizen und kochen können, nachdem sie für das Vaterland alles restlos geopfert haben, dann pfeife ich auf die ganze "Hilfsaktionen". Du hast schon recht, es wird allerhöchste Zeit! Man kann hier wahrhaftig jetzt auch sagen: oben nichts und unten nichts, und in der Mitte ein bischen Tüll! Naja, darüber zu diskutieren, hat wenig Zweck, und deshalb lassen wir dies Thema fallen. -

Was es sonst hier gibt? Nichts Neues, mein Schätzchen. Viel Arbeit, besonders an den letzten Tagen der Woche. Dem armen, geplagten Rechnungsführer trampelt man hier buchstäblich auf den Nerven herum mit dem Urlaub, besonders die Luftwaffen-Säuglinge. Dazu die dauernden Sorgen mit der Verpflegung und der Kocherei. Jetzt habe ich endlich heute mal wieder genügend Brot bekommen, sodass ich für die nächsten 4 Tage diese Sorge wenigstens los bin. Jedenfalls habe ich reichlich zu schaffen Augenblick, und ich komme kaum dazu, die notwendigste Korrespondenz zu erledigen. Gestern Abend wollte ich Dir gerade einen kleinen Brief schreiben, und ausgerechnet da kommt nach langen Wochen mal wieder Fliegeralarm. Wie der Zauber zu Ende war, zeigte die Uhr bereits fast 23 Uhr, und da war es mit Schreiben natürlich aus. Du bist nicht böse, mein Herzlieb, wenn jetzt schon mal ein Briefchen weniger ankommt? Im nächsten Urlaub bekommst Du dafür umso mehr süsse Küsse, wenn Du mit dem Tausch zufrieden bist! Und das Schmüsern holen wir dann auch höchst persönlich nach, was noch viel viel schöner ist.

So, mein kleines Mädelchen, jetzt will ich den Brief mal beenden, damit Heinz doch noch einen bekommt; der arme Kerl wird bestimmt auch schwer auf Nachricht von mir warten, aber ich konnte es im Augenblick nicht schaffen. So nehme ich Dich jetzt nochmal in meine Arme, um Dich mal ganz feste zu drücken und herzhaft - heiss zu küssen.

In inniger Liebe grüsst Dich, meine kleine Getrud, herzlich

Dein Hub Hubert

Viele Grüsse an Alle!

3. Der religiöse Blick: Gott – Familie – Vaterland

Hubert Steinbrecher ist überzeugter katholischer Christ, der in seinen Briefen oft von seinem Glauben spricht. Der Glaube an Gott ist für ihn eine wichtige Stütze. Er ist auch eine wichtige seelische Verbindung zu seiner Frau. In den Briefen aus Russland und aus der letzten Phase des Krieges nimmt sein Gottvertrauen einen immer breiteren Raum ein, es entsteht jedoch nicht erst in dieser Zeit. Der Glaube Hubert Steinbrechers ist in sofern unpolitisch, als das Wirken Gottes in der Geschichte nie reflektiert wird. Wesentlich ist für ihn das Gefühl, in Gott geborgen zu sein und allem gelassen entgegensehen zu können. Dieser unreflektierte Glaube hat jedoch große politische Bedeutung, denn es gibt ein heiliges Band zwischen Gott, Familie und Vaterland, das nie hinterfragt und nie gebrochen wird. Mit der Erfahrung der Niederlage einerseits und der Geburt der Tochter andererseits tritt allerdings in den letzten Kriegsjahren das Vaterland gegenüber der Familie immer stärker in den Hintergrund. Die Briefe sind nach dem Russlandfeldzug von einem starken Rückzug ins Private gekennzeichnet, ohne dass damit der Sinnzusammenhang „Gott – Familie – Vaterland" völlig preisgegeben wird. So ist der Glaube in allen Höhen und Tiefen der Garant der eigenen existentiellen Geborgenheit. Die Vorstellung, dass es zwischen dem eigenen Geborgenheitsgefühl und Gott ein Problem geben könnte und Gott vielleicht etwas anders sein könnte als der Garant des eigenen Wohlergehens, kommt nie auf.

<u>17. 2. 1941 (Rumänien, unterwegs auf dem Balkan)</u>
Ja, schöne Stunden, schöne Jahre, haben wir beide miteinander verlebt, und, so der liebe Gott will, werden wir nach diesem lausigen Krieg unser so schönes Eheleben noch lange Jahre weiterführen. Bete Du immer recht schön für mich, wie ich es für Dich tue. Allerdings braucht mein kleines Mädchen sich um mich im Augenblick gar keine Sorge zu machen. Hier ist alles so nett ruhig, als wenn es gar keinen Krieg gäbe. Und wie weit ich, bzw. ob ich überhaupt einmal in die direkte Gefahrenzone komme, ist noch sehr fraglich. Aber auch dann liegt ja unser Leben in Gottes Hand. Jedenfalls geht es mir augenblicklich tadellos wie immer, ich bin gesund und munter und fühle mich „sauwohl"!

<u>20. 10. 1942 (Russland, Ostrogoshk)</u>
Ja, mein Kind, so eine schöne Predigt ... möchte ich auch mal wieder hören, möchte auch mal wieder einem schönen Gottesdienst beiwohnen! (...) Den letzten Gottesdienst habe ich ja in Düsseldorf erlebt. Schon lange her, was Kind? Aber trotzdem, was im Herzen sitzt, kann niemand nehmen. Den Rosenkranz, das Andenken an den Tag meiner ersten heiligen Kommunion, trage ich stets bei mir, und durch das Ave bin ich jeden Morgen, jeden Abend mit Dir vereint. Gertrud, weißt Du wie viel Mut und Kraft dies mir in schweren Stunden gegeben hat? Wenn um oder über uns die Bomben rauschten, wenn es krachte? Das gab mir auch immer den guten, frohen Mut, im Gegensatz zu manch anderen Kameraden! Es gibt mir auch soviel Mut und Kraft, da auszuhalten, wo ich bin, und nicht zu kneifen!

20. 12. 1942 (Russland, Rossosh?)

1943! Wir wollen nicht fragen, was es uns bringt, wollen nicht fragen, ob es das Jahr des Endsieges, das „Jahr des Friedens" wird. Wir wollen nur hoffen! Hoffen, dass der liebe Gott uns weiterhin segnet; hoffen, dass der Feldzug hier ein glückliches Ende nimmt; hoffen, dass wir uns gesund und glücklich wiedersehen! Der Krieg ist hart und grausam, aber die Russen sind Bestien! Wir haben wieder genug erfahren von den Leuten des Kampftrupps unserer 3. Batt., die glücklich noch entkommen sind. Armes Deutschland, wenn der Bolschewismus über seine Grenze gerollt wäre! Ein Pfui den Menschen, die heute noch versuchen, den Schicksalskampf des deutschen Soldaten, des deutschen Volkes und seiner Führung moralisch zu untergraben! Gebe Gott, dass alles ein glückliches Ende nimmt.

28. 2. 1943 (Kiew/Luftangriffe über Düsseldorf)

Dass Euer Nervenkostüm darunter leidet, ist ganz klar; trotzdem: immer mit der Ruhe! Es wird mit Gottes Hilfe schon gut gehen. Unser Leben liegt in Gottes Hand, also können wir nur auf ihn vertrauen, dass er uns beschützt.

14. 9. 1944 (Eger/Westfront rückt näher)

Wir können unserem Schicksal doch nicht entgehen, egal, wie man es macht. Unsere einzige Hoffnung auf Rettung ist das Gebet und das Vertrauen auf den Herrgott und die Gottesmutter, dass sie uns in ihren Schutz nehmen und uns dereinst wieder glücklich zusammenführen. Was auch kommen mag, mein Herzlieb, nie den guten Mut und die frohe Hoffnung verlieren! Immer mutig und stark allem entgegensehen und auf den lieben Gott vertrauen, dann soll schon alles gut werden.

30. 3. 1945 (Leipnitz)

So wollen wir, eine schöne glückliche Familie, immer vereint sein in Liebe, Freude und der Hoffnung, dass der bittere Leidensweg des deutschen Volkes, der düstere Karfreitag, recht bald abgelöst wird durch einen strahlenden Ostermorgen, der uns das bringt, wonach wir uns solange sehnen: Sieg, Friede, Glück! Und ein baldiges frohes Wiedersehen!

6. Verdrängen als Überlebensstrategie

Nur einmal ist in den 767 Briefen von Juden die Rede, und zwar wenn Hubert Steinbrecher von einem Opernbesuch in Kiew berichtet. In zwei, drei Worten wird angedeutet, was der Krieg unter den Juden und Jüdinnen angerichtet hat. Es ist übrigens derselbe Brief, in dem Hubert Steinbrecher über „das kulturvernichtende Werk des Bolschewismus" schreibt!

16. 5. 1942 (Kiew)
Das Orchester umfasste vor dem Krieg 129 Kräfte; davon waren 109 Juden! Du kannst Dir wohl vorstellen, wie schwer es ist, ein solches Orchester neu aufzustellen.

Hubert Steinbrecher nimmt das „Verschwinden" der Juden und Jüdinnen zur Kenntnis. Er ist selber als Teil der deutschen Wehrmacht dafür mitverantwortlich. Der rassistische und antisemitische Blick, der für das nationalsozialistische System so kennzeichnend ist, fehlt jedoch in seinen Briefen. Hubert Steinbrechers Welt ist insgesamt wenig ideologisch geprägt. Trotzdem ist Hubert Steinbrecher problemlos ein Teil der nationalsozialistischen Kriegsmaschinerie geworden. Erklären lässt sich dies u. a. durch die anfängliche Begeisterung, die unausweichliche Anpassung an die neue Situation und die schon bald einsetzende und immer stärker werdende Verdrängung. Hinweise auf Verdrängung gibt es bereits in der ersten Phase des Krieges, wenn das Ganze noch eine spannende Urlaubsreise zu sein scheint.

5. 12. 1940 (Frankreich)
Du schreibst so nett in Deinem lieben Brief, dass Du mir die Freude am Soldaten-Leben gönnst und meine stille Sehnsucht, auch dabei zu sein, erfüllt wäre. Ja, liebes Frauchen, ich glaube, ein klein wenig irrst Du dabei. So furchtbar groß war die Sehnsucht gar nicht und ich wäre wohl hundertmal lieber bei meinem süßen, kleinen Schatz geblieben, denn ich wusste ja von all den vielen Bekannten, dass es eine große „Scheiße" ist. Aber, mein Lieb, ich wusste ja immer, dass auch ich drankommen würde, und warum sollte ich da nun Dir und mir selber vorher das Herz – den Abschied schwer machen? Darum habe ich immer versucht, mich darauf zu freuen! Man muss eben versuchen, jeder noch so miesen Situation etwas Humor abzugewinnen.

„Immer Köpfchen hoch, mein Kind, dann trägt sich alles viel leichter! Und durch Mutlosigkeit ändert man auch nichts daran." (8. 8. 42) Mit solchen Formulierungen macht Hubert Steinbrecher seiner Frau immer wieder Mut, die Situation hinzunehmen und das Beste daraus zu machen. „Nur guten Mut" lautet eine Redewendung, die sich durch die Briefe der ganzen Jahre hindurchzieht. Selbst der Rückzug aus Russland wird – auch unter zu Hilfenahme von Alkohol – fröhlich übertönt und schnell vergessen.

26. 1. 1943 (Russland, Belgorod)
Du kannst Dir ja gar nicht vorstellen, wie so ein „siegreicher" Rückzug aussieht! Es waren Tage härtester Strapazen, hauptsächlich durch die eisige Kälte. Nun haben wir aber wohl das Schwerste überstanden, wir sind aus der Gefahrenzone heraus, denn seit vorgestern Abend liegen wir in B. Und zu Deiner größten Beruhigung kann ich Dir sagen: ich bin gesund und munter, habe auch gottlob keine Erfrierung davongetragen! Nur ein bisschen Kater,

denn wir haben gestern Nacht bis ½ 6 Uhr Skat gespielt und dabei 2 ½ Flaschen Kognak getrunken, um über die blöde Stimmung hinweg zu kommen. Ja, mein Kind, es waren bittere Tage für uns, und unsere ruhmreiche Abteilung ist endgültig dahin!
(...) Im Augenblick ist der ganze Verein ausgeflogen, denn hier in Belgorod ist ein Kino, und die Gelegenheit wird wahrgenommen. Du siehst, mein Kind, der deutsche Soldat erlebt und ... vergisst ebenso schnell. (...) Grausige Bilder begegnen uns, Bilder, die man nie mehr vergisst. (...) Natürlich hat uns der Alkohol über manche schwere Stunde hinweg geholfen, und wir hatten zum Glück reichlich. (...) Wir sind ja nur noch ein Trümmerhaufen; keine Geschütze, wenige Fahrzeuge, wenige Leute.

2. 2. 1943 (Charkow)
... es ist trostlos! Wenn man diese Gestalten sieht, die hier eintrudeln, könnte man manchmal weinen. Heute sind wieder 3 Mann ins Lazarett gekommen; 16 Mann fehlen noch ganz, und einige davon ... werden wohl nie wieder kommen!

4. 2. 1943 (Charkow)
Der ganze Rückzug war zwar ein großes Fiasko, aber ganz so tragisch ist er nicht, und im Frühjahr wird dieser Verlust bestimmt schnell wettgemacht sein.

23. 2. 1943 (Kiew)
Ja, mein Herzlieb, so ist das Soldatenleben und der Soldat selber: Kaum aus dem Dreck heraus, ist wieder alles vergessen und der Frohsinn ist Herrscher!

Viel sagend ist auch der Brief, den Hubert Steinbrecher nach dem Tod seines Schwagers nach Hause schreibt, in dem er seine Frau davor warnt, die eigenen Eltern zu besuchen, um sie zu trösten. Es ist eine der seltenen Stellen in den Briefen, in denen von Schmerz die Rede ist. Dieser Schmerz darf nicht sein. Es ist gefährlich, ihn zuzulassen. Der Brief beschreibt die Unfähigkeit zu trauern geradezu als Zukunftsprogramm.

24. 9. 1944 (Eger, nach dem Tod des Schwagers, der in Russland gestorben ist)
Dann schreibst Du, dass Du in großer Sorge um die Eltern bist, da Mutter anscheinend Theo's Tod nicht verwinden kann. (...) Helfen könntest Du jetzt im Augenblick den Eltern nicht viel, wohl aber Dir und dem Kind viel schaden! (...) Wir drei gehören zusammen, jeder gehört jedem, in erster Linie sogar! Und dann erst kommen die Eltern, Geschwister und Verwandte! (...) Dein ganzes Ich gehört mir und dem Kind. Für uns lebst Du, für uns liebst Du und für uns würdest Du leiden. Darum auch gehört Dein Leben uns, aber nicht nur Dein Leben, sondern auch ein frohes, glückliches Herz! Dieses frohe, glückliche Herz musst Du immer besitzen oder es wieder erringen, damit Du uns das schenken kannst, wonach wir verlangen: den Sonnenschein und die Liebe! Auch diese Zeit wird einmal vorübergehen, das größte Leid wird dann langsam der Vergessenheit anheimfallen, wir aber ... wollen dann noch lange glücklich sein und ein frisches, frohes Kind als Unterpfand unserer Liebe und den Sonnenschein unseres Lebens um uns haben!

7. Ein „guter" deutscher Soldat

Die Briefe zeigen Hubert Steinbrecher als einen „guten" Soldaten.[2] Gut im Sinne von fleißig, seinen Vorgesetzten zugetan. Gut aber auch im Sinne von bürgerlich-anständig. Ein Mann, der seine Frau liebt, der ihr fast jeden Tag einen Brief von zwei Seiten schreibt. Ein Mann, der auch auf das gute Benehmen in der Fremde bedacht ist.

23. 5. 1941 (Ekali bei Athen)
Kamerad Germansky, Brot? Brot? Ein halbes Brot haben wir als Mittagessen; gleich ist es 12 Uhr und wir haben auch Hunger. Also nichts zu machen. Essen wir erst etwas; da kommt eine Mutter, trägt ein Kind auf dem Arm, eins an der Hand; sie sieht unser Stückchen Brot und ein flehentlicher Blick kommt zu uns. Kann da ein deutscher Soldat hart sein? Nein! Wir teilen und reichen dem Kind das Brot.

1. 9. 1942 (Russland, Ostrogoshk)
Und ich habe diesmal (das erste Mal Privatquartier) wirklich das Glück, bei netten und vor allem körperlich und seelisch sauberen Menschen zu wohnen. Diese aber haben wiederum in ihrer Wohnung [die Hausbesitzerin und ihre 2 Schwestern wohnen selber in dem „Gartenhaus"] einen anständigen, sauberen und doch fröhlichen Kerl wohnen und das schätzen sie anscheinend. Dies aber, anständige, saubere und allzeit fröhliche Soldaten, ist für Deutschland die beste Propaganda! (...) So habe ich es in Griechenland gehalten und so soll es in diesem sonderbaren russischen Paradies auch sein.

Hubert Steinbrecher ist kein heroischer Soldat. Er ist der fidele Kumpel, der immer zu einem Scherz bereit ist, der aber auch seine eigenen Interessen nie aus den Augen verliert. Im Grunde genommen ist Hubert Steinbrecher überhaupt kein Soldat, sondern Kaufmann. Er ist, wie er selber sagt: „im Nebenberuf Soldat, und sogar noch ein stolzer Soldat, aber im Hauptberuf Kaufmann" (29. 5. 1941). Trotzdem war dieser normale, eher unauffällige Kaufmann nicht nur ein anfänglich stolzer, sondern ein bis zum Ende treuer und zuverlässiger Soldat, der sich aktiv am Zweiten Weltkrieg beteiligt hat. Es ist diese Kombination von privatem Anstand und öffentlich ausgeübter Gewalt, die das Nachdenken über den Menschen und Soldaten Hubert Steinbrecher so schmerzhaft und so notwendig machen.

---

[2] Nach Auskunft der zuständigen Archive ist Hubert Steinbrecher nicht nachweisbar in kriegsverbrecherische Aktivitäten verwickelt gewesen.

Leibnitz, Ostern 1945

Meine innigstgeliebte Gertrud,
süße kleine Rita!

Osterglocken klingen durch das Land, durch herrliches deutsches Land, ihr Schall pflanzt sich fort und fort, ihr Klang dringt in die Herzen und lässt sie freudiger schlagen: Ostern, das Fest des Glaubens, Ostern, das Fest des Frühlings ist da! Und wie der Klang der Glocken sich wellengleich fortpflanzt durch den Aether, so gehen auch unsere Gedanken durch den weiten Erdenraum, um bei unseren Liebsten kurze Rast zu halten, um das schöne Fest wenigstens im Geiste mit ihnen zu verleben. So geht es vielen Tausenden, so geht es mir. Wohl sitze ich hier in meinem sonnendurchfluteten Stübchen, das erste junge Grün leuchtet zum Fenster herein und die Vögelein singen ihr Frühlingslied, aber meine Gedanken gehen auf weite Reise, hin zu Euch, meine lieben Kinderchen, damit ich mit Euch diesen hohen Festtag verleben kann.

Wohl möchte ich Euch einen Strauß schöner Frühlingsblumen überreichen als Zeichen meiner Liebe, aber wenn ich im Geiste Eure Händchen drücke und mit zarten Druck Eure Lippen küsse, dann fühlt Ihr ja, dass ich bei Euch bin, dass ich Euch ein recht frohes, gesegnetes Osterfest wünsche! Ja, meine lieben Kinderchen, ein recht frohes, friedliches und so sonniges Osterfest wünscht Euch von ganzem Herzen Euer Papa! Und nach alter Sitte wollen wir uns zusammen setzen, wollen gemütlich plaudern und uns an unserem kleinen Sonnenschein erfreuen. Mag die Welt auch noch so friedlos sein, wir haben den Frieden! Ja, meine liebe Gertrud, ich weiß, wie du heute früh in der Kirche für mich gebetet hast, aber ich war bei dir. Ich habe ja das schöne Glück, dass ich hier in Leibnitz die hl. Messe besuchen kann, dass ich die hl. Kommunion empfangen konnte. Ganz herrlich war dies, eben eine richtige Ostern. So waren wir ja heute früh schon im Gebete vereint und haben den Tag gemeinsam begonnen, du und ich, und mit uns unsere kleine Rita, die jetzt so fein beim Papa sitzt und mir so viel erzählen möchte, von vielen

Fortsetzung

Sachen, die ihr kleines Herzchen erfreuen, und vom Osterhäslein. War Klein-Rita denn auch immer schön lieb, hat das Osterhäschen ihr leckere Eier gebracht? Ich glaube, der Papa hat alles alleine bekommen und muß nun für 3 essen! Ja, der Papa ist anscheinend immer schön brav, oder sollte der Osterhase sich geirrt haben?? Ja, liebe Gertrud, ganz toll bin ich vom Osterhasen bedacht worden, ich muß mich so richtig durchfüttern. Meine Hauswirtin brachte mir gestern Abend einen Teller voll selbstgebackenem feinen Kuchen, Weißbrot mit gekochtem Schinken und eine ganze Menge schöner Aepfel. Dazu habe ich hier noch ca. 20 Eier erreicht, sodaß ich also gut versorgt bin. Aber heute Mittag, als ich gerade zur Küche gehen wollte, brachte sie mir eine herrliche Suppe, ½ gebackenes Hähnchen und einen Teller voll eingeweckter Zwetschen, anschließend noch einige Stücke Kuchen. Ich sage dir, ich bin bald geplatzt! Solch festliche Ostern habe ich ja lange nicht mehr erlebt, und wie ich die schönen Sachen vertilgte, war ich mit

meinen Gedanken so ganz in Visbek, bei der guten Oldenb. Hausmannskost, aber auch noch bei meiner tüchtigen kleinen Hausfrau, die auch so lecker kochen und backen kann. Eine gute Zigarre habe ich auch noch, sie wird jetzt unserem Plauderstündchen die richtige Gemütlichkeit geben. So feiern wir zusammen Ostern und sind recht glücklich!

Für die Steiermark hier sind die Osterglocken leider zu Sturmglocken geworden, denn der Russe steht uns vor der Haustüre. Graz wird von Frauen und Kindern bereits geräumt, was hier geschieht, wissen wir wohl nicht. Ja, ich hoffe, daß der Russe nicht bis hierher kommt, sonst müssen wir noch türmen gehen. Ob ich dann zu meiner Einheit zurück kann, ist fraglich, wahrscheinlich werde ich vorerst noch hier bei den Ungarn bleiben. Ich sehe den Dingen vorerst mit der allergrößten Ruhe entgegen, denn es wird nicht so heiß gegessen, wie gekocht wird. Wie nun meine Post befördert wird, weiß ich noch nicht, aber ich nehme an, daß sie noch über Graz befördert werden kann. Sollte aber

Fortsetzung 2

die Post mal etwas ausbleiben, dann mache Dir bitte nicht allzu große Sorgen, mein Kind! Wir wollen weiterhin auf den lieben Gott vertrauen, daß er unser Gebet erhört und uns dereinst gesund und glücklich zusammenführt. Dafür haben wir heute früh gebetet, dies soll uns Mut und Kraft geben in diesen schweren Tagen, bis auch für uns mal wieder ein lichter Ostertag anbricht, ein neuer Frühling für unsere schöne, ewige Liebe!

In der Hoffnung darauf will ich nun meine Osterplauderei beenden. Unser kleiner Liebling bekommt jetzt vom Papa noch ein leckeres Osterküßchen, die Mama aber schmiegt sich nochmal ganz fest in meinen Arm, damit ich Dir viele innige, heiße Küsse geben und sagen kann, daß ich Dich so unendlich lieb habe und recht glücklich mit Dir und dem Kindchen bin!

In diesem Glück grüßt Dich, meine geliebte Gertrud und die liebe kleine Rita ganz herzlich

Dein Hub - Euer Papa
Hubert.

Was hörst Du von den Eltern?
Herzl. Gruß an Fam. Osterkamp!

Werner Steinbrecher – Verarbeitungsversuche

Die überwiegend negativen, oft von heftiger Empörung getragenen Reaktionen der älteren Generation auf die Ausstellung „Vernichtungskrieg. Verbrechen der Wehrmacht 1941–1944" haben gezeigt, wie wenig sich die meisten in dieser politischen Beurteilung ihres Verhaltens während der NS-Zeit wiederfinden. Zwar werden das Regime insgesamt und vor allem die Führungsriege auch von den meisten Älteren verurteilt und abgelehnt. Richtet man jedoch das Augenmerk auf den einzelnen Menschen in seiner Mitbeteiligung und Mitverantwortung für das Funktionieren des Nationalsozialismus, so erleben sich die meisten als nicht betroffen. Der aktive Beitrag wird eingeschränkt auf die überzeugten Nationalsozialisten, die aktiven Mitglieder der Partei oder einer ihren Unterorganisationen. Wird – wie in der Wehrmachtsausstellung – der Beitrag des Militärs und die Rolle des einzelnen ‚normalen' Soldaten in ihrer Beteiligung an den NS-Vernichtungsaktionen betrachtet, so fühlt sich eine Mehrheit der damaligen Soldaten wie ihrer Angehörigen ausgesprochen ungerecht behandelt. Sie sieht sich von einer selbstzufriedenen Generation, die nichts weiß von den Schwierigkeiten, Entbehrungen und Zwängen in Krieg und Diktatur, völlig zu Unrecht auf die Anklagebank gesetzt. Nach dem Krieg wurde gegenüber den nachfragen Kindern immer wieder auf die „schweren Zeiten" verwiesen, von denen wir in Wohlstand und Sicherheit Aufgewachsenen uns keine Vorstellung machen können. Tenor war: Ihr habt es gut, wir hatten es schlecht. Ihr könnt nicht mitreden, weil ihr nicht dabei gewesen seid.

Die Briefe der Soldatenväter zeigen uns in ihrer großen Mehrheit um das Wohlergehen ihrer Kinder und Frauen äußerst besorgte Familienväter, die ihre Kriegsteilnahme als Pflicht begreifen und die Heimat schützen wollen (...).

Auch die Nachgeborenen möchten sich gerne abkehren von der Konzentration auf die Terrorseite der NS-Zeit und ihre Eltern und Großeltern in das mildere Licht persönlicher Erinnerung tauchen. Es ist für die meisten Angehörigen der Nachfolge-Generationen ebenso unmöglich wie für die Zeitgenossen selber, sich der Täterschaft ihrer Eltern oder Großeltern zu stellen. Bei den meisten überwiegt die Hoffnung, dass sich die Eltern nichts haben zuschulden kommen lassen, und dieser Wunsch bestimmt die Wahrnehmung der elterlichen Vergangenheit. Untersuchungen über den Umgang mit der NS-Vergangenheit der Eltern zeigen – ganz im Gegensatz zu dem Bild der 68er-Generation in der Öffentlichkeit, das Härte, Mitleidlosigkeit, unnachgiebige Anklagehaltung zeigt –, dass Verleugnungen, Entschuldigungen und Nicht-Wissen-Wollen auch die Haltung der Nachgeborenen prägt. Diese Haltung schützt unser Verhältnis zu den Eltern ..."

(Gudrun Brockhaus, „Lieber Papi! In Russland ist es sicher nicht schön?" Kinderbriefe im Zweiten Weltkrieg aus der Sicht von heute, in: Abends wenn wir essen fehlt uns immer einer. Kinder schreiben an die Väter 1939–1945, Hrsg. B. Burkard und F. Valet, Heidelberg 2000, 133.)

Werner Steinbrecher – Verarbeitungsversuche

Werner Steinbrecher, geboren 1946 in Visbek, wächst auf in Düsseldorf. Nach dem Abitur studiert er Architektur in Aachen (1966–1972) und anschließend Malerei in Nürnberg und Berlin, wo er 1978 sein Studium als Meisterschüler der HdK abschließt. 1989 zieht er um nach Allenbostel (Kreis Uelzen). Seit 1973 viele Ausstellungen und Ausstellungsbeteiligungen.

1982–1983

Mit der Übergabe „der Kiste" 1981 durch seinen Vater fängt für Werner Steinbrecher ein Verarbeitungsprozess an, der bis heute nicht abgeschlossen ist. In den Jahren 1982–1983 findet eine erste intensive Phase der Auseinandersetzung mit den Briefen statt, in der die in dem Buch abgedruckten Zeichnungen entstehen. In dieser Zeit erscheint das Buch „Das andere Gesicht des Krieges. Deutsche Feldpostbriefe 1939–1945" von Buchbender und Sterz, das sich auf die historischen Ereignisse in den Feldpostbriefen konzentriert. Beim Lesen der Briefe seines Vaters und in Auseinandersetzung mit dem Buch von Buchbender und Sterz wird Werner Steinbrecher klar, dass seine Blickrichtung eine andere ist. Seines Erachtens ist es nicht sosehr die Wiedergabe von objektiven Gegebenheiten des Krieges, die die Briefe interessant macht, sondern die Schilderung des inneren Gefühlslebens. Gerade der Einblick in das alltäglich Private der Soldaten kann weiterführen, die Mechanismen der Verstrickung kennenzulernen und das Geschehene zu verarbeiten. In einem Brief an Buchbender und Sterz weist Werner Steinbrecher auf die Bedeutung dieser subjektiven Erfahrungswelt in den Feldpostbriefen hin.

> Die Werte, die meine Eltern offensichtlich überleben ließen, die ihnen aber auch ermöglichten, die Wirklichkeit zu privatisieren, von der Geschichte abzukoppeln und damit auch zu verdrängen, waren einfach, entsprechend ihrer sozialen Schicht: Die Ehe, Gott, das gemeinsame Heim und ihre Träume von Glück. Ich meine, daß gerade diese Tatsache des sogenannten „unpolitischen Menschen" der Beachtung wert ist. Die Schlüsse, die daraus möglich werden, könnten vielleicht auch uns, der Nachkriegsgeneration helfen, „Vergangenheit zu bewältigen". Letzteres ist bei mir (Jahrgang 46) eine starke Motivation darüber nachzudenken.
> Sie werden sagen, daß diese Bearbeitung Aufgabe von Literaten sei, nicht die von Historikern. Ich stelle jedoch dagegen, daß eben auch diese brieflichen Zeugnisse historisch sind, daß eben dies auch Geschichte ist, daß unsere Eltern sich emotional von der Geschichte ablösten und sich nur als passiv Leidende fühlten. Daß nach Krieg und Zusammenbruch des Faschismus die Haltung des „unpolitischen" Privatlebens gesellschaftlich nicht hinterfragt wurde, bestärkte sicher auch die Opferhaltung meiner Eltern und verhinderte eine wirkliche Bearbeitung der Vergangenheit.
> (3.12.82, Zitat leicht gekürzt)

Im Januar 1983 schließt Steinbrecher die Arbeit an den Briefen vorläufig ab. In einem Text beschreibt er für sich das Ergebnis seines Nachdenkens.

> Die Frage, weshalb ich mich mit den Briefen, die meine Eltern sich zwischen 41 und 45 schrieben, so beschäftige, wird immer schwerer zu beantworten. Wo doch ein Brief dem anderen zu gleichen scheint, wo doch die Nachrichten, die sie sich in den Briefen schreiben,

aus historischer Sicht unerheblich und zur Erreichung einer komplexen Sicht von Geschichte wenig hilfreich sind (...) stellt sich mein ganzes Unternehmen auch als eine Suche nach mir selbst und meiner Vergangenheit dar.
Denn wem könnte ich heute als Laie, Nicht-Literat, Nicht-Historiker noch etwas über Nationalsozialismus und zweitem Weltkrieg vermitteln, was nicht bereits geschrieben oder gesagt worden ist. Das Phänomen, daß gerade unsere Generation, die der nach dem Krieg Geborenen, seit dem Zeitpunkt ihrer Bewußtwerdung unablässig damit beschäftigt ist, sich mit dem Nationalsozialismus und dem 2. Weltkrieg zu befassen, scheint mir wichtig: Zunächst erlebten wir die Vergangenheit zumeist durch Andeutungen unserer Eltern, die in Gesprächen mit Freunden und Verwandten in diffuser Form ihre Jugend zu bearbeiten suchten: Erlebnisse von damals wurden, weil es ja ihre Jugend war, idealisiert und wehmütig überhöht, Kriegserinnerungen ausgetauscht, heroisiert, da ihre Rolle doch eine Bedeutung und Berechtigung zumindest im privaten Bereich erlangen mußte, während sie in der Öffentlichkeit verdammt und als historischer Fehler deklariert wurde.
Auch nach dem Krieg ließ das Auseinanderklaffen der persönlichen Erlebnisse, in die doch alle Hoffnungen, Erwartungen und jeder Glaube gesetzt waren, und der historischen, politischen Außenwirklichkeit, in der diese Zeit bewertet, beurteilt und versuchsweise aufgearbeitet wurde, kaum Spielräume innerhalb der großen Bevölkerung, der Mitläufer, Gutgläubigen und Mittäter für die eigene Bewältigung der Vergangenheit. Eine öffentliche Auseinandersetzung, in der sich der kleine Soldat und die brave Ehefrau hätten wiederfinden können, fand nicht statt.

Das Bedürfnis, nach einer bewußten Bearbeitung der Vergangenheit war sicher bei den meisten sehr gering. Sie wollten das Grauen und ihre Ängste so schnell wir möglich vergessen. Es blieb jedoch der Bereich des Unbewußten, der sich bei Familienfesten, in alkoholisierten Momenten Bahn schlug und meist in einen die Geschichtsschreibung ignorierenden, kriegsverherrlichenden Chauvinismus mündete. Soweit die eigene Hilflosigkeit und Passivität noch gerechtfertigt wurden, ließen sich die Schuldgefühle noch nach außen tragen, sobald jedoch die Sprache auf die eigene Aktivität und das Mitläufertum, gar noch auf die Konzentrationslager kam, wurde die Reaktion aggressiv und machte deutlich, wie tief die Schuldgefühle saßen und wie wenig die Menschen damit fertig wurden.
Die Politisierung der Nachkriegsgeneration in den 60er Jahren trieb uns Jugendliche zunächst einmal dazu, unser Informationsbedürfnis über die Nazizeit zu befriedigen. Ich erinnere mich noch sehr genau an die Fernsehserie „Das 3. Reich", die in den frühen 60ern lief. Dabei wurde die Stimmung in den deutschen Wohnzimmern stark von den Widersprüchen zwischen den Generationen geprägt. Meine Eltern wollten sich dies gar nicht anschauen, meine Mutter verließ meistens den Platz vor dem Bildschirm, sobald die ersten Luftschutzsirenen ertönten. Ich bestand jedoch meist darauf, mir dies anzusehen, indem ich auf meine bisherige Uninformiertheit verwies. In Wirklichkeit fühlte ich mich jedoch merkwürdig angezogen von den tobenden Volksmassen, von der Ästhetik und Mystik des Faschismus.
Inzwischen waren wir Jugendlichen jedoch schon so weit, daß wir über diese Gefühle auch nicht mehr redeten, sie auch nicht mehr

zuließen, sondern einerseits die offizielle Geschichtsschreibung übernahmen, andererseits diese Geschichte auch auf den privaten Menschen, d. h. unsere Eltern, übertrugen. Wir stellten die Fragen nun immer in Konfrontation mit unseren Eltern: Warum habt ihr nichts getan, warum habt ihr mitgemacht, wie könnt ihr mit eurer Schuld leben, warum habt ihr euch nicht gewehrt. Die Angriffe auf unsere Eltern mündeten schließlich in dem offenen Konflikt von 68. Wir demonstrierten unser neues eigenes Selbstverständnis, daß wir mit der Geschichte zusammenhängen und unser privates Ego mit dem historisch-politischen verbinden wollten. Wir zeigten unseren Eltern damit (somit war jede Demonstration ein Argument gegen unsere Eltern), was wir unter Leben verstanden, wir zeigten ihnen, daß wir nicht bereit waren, uns als passives Volk mißbrauchen zu lassen.

Die Auseinandersetzung mit meinen Eltern lief fast immer nach festen Regeln ab: Ausgangspunkt war eine Meinung, die ich äußerte, oder eine konkrete Handlung, deren Motivation ich schnell in einen politischen Kontext stellte. Dann kamen wir schnell auf mehr allgemeine Fragen, die die politischen und gesellschaftlichen Verhältnisse der Zeit betrafen. Höhepunkt solcher Diskussionen war der Hinweis auf ihre Vergangenheit: Wir werden uns von unseren Kindern nicht so wie ihr fragen lassen müssen, warum wir damals nichts dagegen getan haben.

Ein gegenseitiges Verstehen wurde durch ihre Erfahrungen und ihr Bewußtsein und durch unsere Hoffnungen und Utopien unterbunden. Erst in dem Augenblick, als bei uns die Euphorie verflog, als die Widersprüche zwischen dem privaten Alltag und der politischen Tätigkeit zu groß wurden, keimte bei uns die Vermutung auf, daß unsere Eltern vielleicht ähnliche Hoffnungen gehabt hatten, daß wir vielleicht gar nicht so viel anders waren, als sie. Zu der von ihnen vorgelebten Resignation waren wir noch nicht bereit, aber wir gingen vorsichtiger und verständnisvoller mit ihnen um. Aus der Grundhaltung: Ihr seid schuldig, wurde mehr die Haltung: Wie können wir von euch lernen, damit wir nicht auch schuldig werden.

Wir fügten uns in die Rolle, die Bewältigung der Vergangenheit mit ihnen gemeinsam zu leisten. Jetzt stehen wir auch zu den Schuldgefühlen, die wir früher bei unseren Auslandsaufenthalten als junge Deutsche hatten, stehen wir zu dem schlechten Gewissen und zu unserer Unfähigkeit, uns als Deutsche zu fühlen.

Ich kann meine Eltern nicht entlasten, und ich freue mich auch nicht darüber, daß sie mir durch eigene Unfähigkeit die Last aufgebürdet haben, neben meinem Leben auch noch ihr Leben aufzuarbeiten. Meine Eltern glauben noch immer an die Politiker oder zumindest daran, daß „die da oben" das schon machen werden, und daß Gesetze immer recht und richtig sind, daß Autorität schicksalhaft ist. Sie unterwerfen sich jeder von oben verordneten Norm von Sauberkeit, Recht und Ordnung. Sie können die Widersprüche nicht mehr positiv erleben, sondern fühlen sich gleich bedroht. Diese Vorwürfe, die sich beliebig fortsetzen lassen, die dann schließlich in einem Katalog von Versäumnissen und gesellschaftlichen Katastrophen münden, diese Vorwürfe kann ich ihnen nicht ersparen, wenngleich ich sie erklären kann. Die wesentliche Frage, die sich für mich jedoch daraus ergibt, ist, welche Möglichkeiten der gesellschaftlichen Einflußnahme nehme ich wahr, in welchem Zusammenhang stehe ich selbst. (gekürzt)

2001-2002

Nach 20 Jahren liest Werner Steinbrecher erneut die Briefe seiner Eltern. Die zeitliche Distanz ermöglicht es, die Geschichte der Eltern intensiver zu betrachten, ohne sie sofort verurteilen zu müssen, und die Ereignisse in den Jahren des Krieges in einer größeren Gesamtschau zu betrachten. Das bessere Verstehen führt aber nicht dazu, die Eltern zu entschuldigen. Im Gegenteil.

Meine Haltung von 82–83 hat sich erheblich verändert. Die Frage der schuldhaften Verantwortung („Kollektivschuld") und der Schuld im christlichen Sinn stellt sich mir heute etwas anders: Eingebettet in eine Biographie mit kindlichem Trauma (Tod des Vaters) und Wünschen und Hoffnungen, und bedingt durch eine psychische Konstitution der Schicksalsgläubigkeit und des Gottvertrauens, deutet mein Vater alles, was um ihn herum geschieht, in einer für ihn positiven Weise. Er gewinnt allen Situationen, soweit sie sich auf ihn beziehen, positive Aspekte ab, andernfalls schiebt er sie beiseite. Eine kritische Reflektion hat er nie gelernt, kann sie somit auch nicht anwenden.
(Brief 10. 6. 01)

Seit Monaten ringe ich um die Haltung, mit der ich die Briefe meines Vaters lesen will. Lese ich sie als verständnisvoller, einfühlsamer Sohn, der ja seinen Vater so gut kennt und der diesem Vater auch nach dessen Tod noch nahe sein will. Lese ich die Briefe als interessierter Mensch, der eine historische Aufklärung erwartet. Oder lese ich sie als hilfloser Mensch, der sich Aufschluß darüber erwartet, wie ein Mensch zur Aufrichtigkeit, zum Menschsein, zur Eigenverantwortung, zur Moral und zur Mitmenschlichkeit gelangen kann. Statt dessen lese ich in den Briefen, wie aus dem Wegschauen, aus der Anpassung, aus der Leichtgläubigkeit, aus der unreflektierten Übernahme von Klischees und Mehrheitsmeinung, wie aus blindem Gehorsam und darwinistischem Überlebenswillen (Durchkommen-Wollen) eine Schuld erwächst. Dies ist nicht die Schuld, die sich an der „Genfer-Konvention" messen läßt, dies ist die Schuld, dies ist die Mitverantwortung für eine gesamtgesellschaftliche Situation, die ein unvorstellbares Elend und bisher undenkbare Verbrechen ermöglichten.

Bei der Veröffentlichung eines Briefwechsels im Tagesspiegel in diesen Tagen schreiben die Herausgeber: „Interessant ist dieser Briefwechsel und die sogenannte Feldpost überhaupt vor allem deshalb, weil sie den Menschen von seiner verletzlichen Seite her zeigt. So ein Briefwechsel erlaubt einen Blick auf die Zwiesprache eines Ehepaars unter der Ausnahmesituation des Krieges." (Tagesspiegel 10. 12. 01)
Was meint nun „die verletzliche Seite" des Soldaten? Daß er eigentlich sensibel, einfühlsam sei, daß er eigentlich ein guter Mensch sei, doch durch die „Umstände" dazu gebracht wird, die Taten eines Soldaten zu begehen?
Die Briefe meines Vaters sind voll von dieser Verletzlichkeit, sie sind aber auch voll von leichtfertigen, vollmundigen, menschenverachtenden Nebensätzen, voll von nationalsozialistischen Lügen, Täuschungen, Begründungen für sein Handeln, die offenbar ganz tief das Unterbewußtsein der meisten Menschen durchwirkt hatten. Ohne diese ständige Selbstrechtfertigung, ohne diesen ständigen Selbstbetrug wäre dieses Leben nicht möglich gewesen, wäre dieser Krieg so nicht zu führen gewesen. (...)
Doch wohin soll ein Nachdenken über dieses Gewebe des Betrugs und des Verbrechens

> heute führen, wenn nicht dazu, daraus Schlüsse zu ziehen. Ein einziger Schluß kann nur der sein, daß die „Volksweisheiten" vom „kleinen Mann", daß die Propagierung der „Unwirksamkeit des Einzelnen" (wir können ja doch nichts tun), daß die Ideologie von „wir unten – die da oben" Chimären sind, die einerseits die Menschen in Unmündigkeit halten, andererseits die bequeme Entschuldbarkeit unterstützen. (...)
> Ich kann diese Briefe nicht mehr losgelöst von der Wirklichkeit des verbrecherischen Krieges lesen, vielmehr muß ich mitdenken, was zu gleicher Zeit – (vielleicht) an anderen Orten – mit den gleichen Haltungen, von den gleichen Menschen verübt, geschah. Ich kann nur noch sagen: Während mein Vater in Griechenland war, geschahen in Polen die ersten systematischen Massenerschießungen der Juden – aber mein Vater war ja in Griechenland. (...) Ohne den Gefreiten Hubert Steinbrecher in Ekali bei Athen wäre die systematische Ermordung der Juden und so vieler Menschen auf dem Vormarsch nach Polen und Rußland nicht möglich gewesen.
> (Selbstreflexion, Dezember 2001)

Am Ende des gemeinsamen Projektes „Eine Kiste im Keller" ist unverkennbar, dass es Werner Steinbrecher nicht wirklich gelingt, die Vergangenheit zu bewältigen. Es ist vielmehr so, dass die Vergangenheit ihn immer wieder zu überwältigen droht. Auch wenn die gemeinsame Arbeit an der Ausstellung und an dem Buch dazu beiträgt, die Vergangenheit mit etwas mehr Gelassenheit zu betrachten, die Fragen und Irritationen, die der Inhalt der Kiste wachrufen, bleiben.

Heute ist es zwar auch schon spät, und Du, mein
..., liegst wohl schon längst im mollig-warmen ...
... Aber ich kann doch noch nicht schlafen, obwohl es
... Uhr ist. Willi Kappes war bis eben bei mir, und ...
... bei einem Likörchen die Lage überdacht. ...
... nämlich in Alarm-Bereitschaft! Was ich scho...
... habe kommen sehen, ist eingetreten: der ...
... hier mit einigen hundert Panzern durchgebroch...
... liegen natürlich panzerbrechende Waffen und
..., aber ob sie den Stoß aufhalten können, ich ...
... aber wahrscheinlich. Wir paar Bäumchen wer...
...enfalls türmen gehen, oder .... es ist aus! Ja, hoff...
... das Beste, mein Kind, und vertrauen wir auf ...
... Gewiss, 34 Km. sind für einen Panzerwagen
... von 34 Std., aber ich glaube nie, dass ...
hierher kommen. Ein verrückter Krieg jeden...

Zeichnungen von Werner Steinbrecher

14 Zeichnungen 1982/83
 Tusche auf Karton,
 35 x 50 cm

2 Zeichnungen 2002
 Tusche/Acryl/Kopien/Aschen auf Papier
 100 x 70 cm

Zeichnungen von Werner Steinbrecher

„Inzwischen habe ich den Staatsanzug an.
Prima, Du müsstest Dein Männchen mal sehen."
24. 10. 40

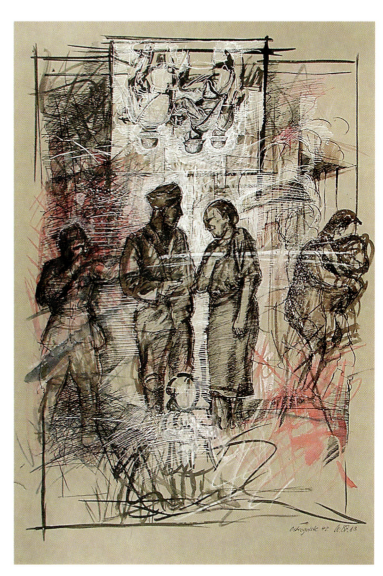

Ostrogoshk 42

Zeichnungen von Werner Steinbrecher

„Zigeuner spielen uns auf ...
Freudige Begrüßung durch die Bevölkerung."
Bulgarien 1941

„Zigeuner auf dem Weg"
Bulgarien 1941

Zeichnungen von Werner Steinbrecher

"Ich schaue immer Dein Bild an." Jan. 41

Luftangriff Düsseldorf 3. 7. 41

Zeichnungen von Werner Steinbrecher

„Immerhin, trotz Staub und Dreck immer munter, was?"
19. 9. 42 Ostrogoshk"

„Freischütz-Ouvertüre, so recht die Musik, die zu unserer Stimmung passt: Kämpfen, entsagen, Liebe und am Ende das große herrliche Glück."
8. 2. 42

Zeichnungen von Werner Steinbrecher

*„Und wir werden auf die Jagd gehen,
Wölfe und Russen schießen.
... Ja, ich möchte mal wieder einem schönen
Gottesdienst beiwohnen."
20. 10. 42 Ostrogoshk*

*„Man sollte mit der Peitsche dahinter sein,
statt ihnen Brot zu geben ...
Aber der deutsche Soldat ist immer zu gut."
24. 9. 42 Ostrogoshk*

Zeichnungen von Werner Steinbrecher

„Ich habe das Glück, bei ... körperlich und seelisch sauberen Menschen zu wohnen."
1. 9. 42 Ostrogoshk

„Die ruhmreiche F/19 ist nun fast ganz zerschlagen. Sie war einmal."
19. 1. 43

Zeichnungen von Werner Steinbrecher

„Und diese lauten Schreier, die vor lauter Gemeinschaftssinn und Nationalsozialismus nicht mal wissen, wie sie sich ihren eigenen Verwandten gegenüber zu benehmen haben ..."
Brüx 16. 11. 43

Im Kurzurlaub nach Prag 43

Zeichnungen von Werner Steinbrecher

Briefe aus Athen 1941

Zeichnungen von Werner Steinbrecher

Briefe aus Russland 1942

...unserem Herrgott danken! Es ist wirklich fast wie ein [Wunder]. Manche Kameraden haben ja leichte Frostschäden vorgetragen, aber schwere Erfrierungen haben wir [keine]. Aber wehe uns, wenn ein Wagen in diesen [Tagen] irgendwo hängen geblieben wäre! Dann könnte man [fer]tig sein Leben abhaken, sich in den Schnee legen und ... schlafen auf ewig! Glück hatten wir, unheimliches Glück! Jedesmal im letzten Augenblick aus [der] harten Stellung heraus, das geht an die Nerven. [Wem] verdanken wir diesen Sieg? Nur den [Kamera]den, die alles im Stich ließen, die Linien [preisga]ben und abhauten! Dieses Lumpenpack. Dafür [laufen wir] heute Tag und Nacht über die Rollbahnen, [mit] letzter Kraft dahin, fallen hin und verrecken wie [die] Pferde! Das ist der stille, aber unbarmherzige [Krieg] in Rußland. Traurige Bilder begegnen uns, [...]

Der erzählende Richter
von Klara Butting

Schuldig geboren?

Sally Perel, dessen Buch „Ich war Hitlerjunge Salomon" durch die Verfilmung in Deutschland bekannt geworden ist, las am 23. Mai 2002 in der Schule in Hankensbüttel aus seinen Lebenserinnerungen. Nach der abendlichen Lesung übernachtete er im Hause meiner Schwester, der Enkelin eines Mannes – unseres Großvaters –, der als Polizeipräsident von Lodz dafür verantwortlich war, dass im Februar 1940 alle in Lodz lebenden Juden und Jüdinnen in ein Ghetto umgesiedelt wurden. Sally Perels Eltern gehörten zu diesen Menschen. Sie sind im Ghetto von Lodz zu Tode gekommen. Die Beklemmung meiner Schwester in Erwartung dieser Begegnung kann sich jede/jeder vorstellen. Wer Israel besucht oder Länder bereist hat, die in den Jahren 1939 bis 1945 von Deutschland überfallen wurden, kennt das Unbehagen, das sich mit der eigenen Herkunft verbindet. In solchen Situationen verknüpft sich mit dem Deutschsein ein diffuses Gefühl von Schuld.

Ein Bündel unangenehmer Gefühle ist ein gefährliches Gepäckstück. Die Versuchung ist groß, mit der eigenen Beklemmung auch die Erinnerung anderer abzuschütteln oder mit dem eigenen Unbehagen einer Begegnung mit ihnen auszuweichen. Deshalb ist es wichtig, unser Päckchen zu sichten und zu ordnen, eine Arbeit, die die Voraussetzung für grenzüberschreitende Begegnungen bildet, ohne allerdings eine Garantie für ihr Gelingen geben zu können.

Eine Hilfe, die eigenen Gefühle zu verstehen, bietet folgender Satz aus den Klageliedern, in dem sich die Lebenserfahrung einer Generation angesichts von schuldbeladener und gescheiterter Geschichte verdichtet:

„Unsere Väter haben gesündigt, sie sind nicht mehr, wir aber, wir tragen ihre Schuld."
(Klagelieder 5,7)

Die Nachgeborenen klagen, weil sie – selbst unschuldig – die Konsequenzen der Fehler, Dummheiten und Verbrechen der vorangegangenen Generation tragen müssen. Diese Klage benennt zunächst den Sachverhalt: Nicht wir, unsere Väter und Mütter haben gesündigt. Zunächst ist es nicht meine Schuld! Als eine, die nach 1945 geboren wurde, war ich an den entsetzlichen Verbrechen, die Deutsche in der Zeit des Nationalsozialismus begangen haben, nicht beteiligt, habe an ihnen also keine Schuld. Dies festzustellen und anzuerkennen ist mir wichtig geworden, um dem Gefühl entgegenzuwirken, als Deutsche in einem generationsübergreifenden Verhängnis gefangen zu sein.

Dieser befreiende Schritt hat allerdings seinen Preis. Denn das beklemmende Gefühl, dass wir Deutschen qua Geburt zu einer schuldigen Gemeinschaft gehören, kann auch eine Schutzfunktion haben. Es schützt diejenigen, die wirklich schuldig geworden sind. Wenn Nachgeborene die Verbrechen der Vergangenheit als eigene Schuld empfinden, wird von Eltern oder Großeltern abgelenkt, die die Verbrechen verantworten müssen. Auf diese Weise kann gerade das diffuse Gefühl, Deutschsein sei mit Schuld verbunden, vor dem konkreten Bekenntnis bewahren: „Unsere Väter und Mütter haben gesündigt".

So ist mir erst nachdem meine Mutter die Geschichte ihrer Eltern in der Zeit des Nationalsozialismus erforscht und aufgeschrieben hat,[1] aufgegangen, dass ich mich in der Auseinandersetzung mit meinen Großeltern, die beide Mitglied der NSDAP gewesen sind, mit bestimmten Antworten zufriedengegeben hatte. Mir war wichtig, dass Großvater, der den Krieg als General der SS begann, degradiert wurde, weil er den Mund nicht halten konnte, und schließlich als Soldat an die Ostfront geschickt wurde. Zu Großmutter gehörte die Erzählung, dass sie ein offenes Haus hatte und jeden, der an ihre Tür kam, beköstigte, wie sie auch später in unserem Dorf allen möglichen Menschen in ihren Schwierigkeiten geholfen hat; wichtig war, die Bewunderung zu spüren, die ihr entgegengebracht wurde, weil sie auf der Flucht Großes geleistet hatte. Unendlich kostbar waren mir die Kommentare der Großeltern zu aktuellen politischen Geschehnissen, die sie mit ihrer eigenen Geschichte verknüpften. So engagierte sich Großvater z. B. in den 70er Jahren bei den Grünen in der Überzeugung, unsere Generation dürfe nicht wieder die Augen verschließen, wie sie es getan hatten. Oder Großmutter, die sich gewöhnlich nicht zu politischen Fragen äußerte, warnte vor der Wahl Franz Josef Strauß zum Bundeskanzler mit der Bemerkung: „Gebranntes Kind scheut Feuer". Ich spüre noch heute, wie mich solche Kommentare mit Haut und Haaren ganz Ohr werden ließen. Dann gab es aber auch Situationen, in denen ganz deutlich wurde, dass beide ihre antisemitische Überzeugung auch nach 1945 beibehalten hatten: wenn Großmutter über einen Mann abfällig sagen konnte: „Er hat eine Nase wie ein Jude und verhält sich wie ein Jude"; oder Großvater auf meine Fragen nach dem Judesein Jesu mit der Ablehnung reagierte „wir brauchen keinen Juden als Erlöser".

Ich habe in diesen Situationen mit Scham reagiert und mit Schweigen geantwortet. Die Scham, dass diese Menschen, die ich schätzte, NS-Ideologie in sich tragen, verführte zur Flucht in schützende Unwissenheit. Ich wollte es lieber nicht so genau wissen, was die Großeltern dachten und was sie während des Krieges getan hatten. Mit dieser Flucht ging zwangsläufig das diffuse Gefühl einer, als Nachkomme dieser Großeltern mit schuldig zu sein. Denn selbstverständlich verschwindet mit dem Ausweichmanöver nicht das Wissen um die Verbrechen, ebenso wenig wie die Empfindung, dass eine Schuld da ist, die zum Himmel schreit. Doch diese Schuld wurde – zum Schutz der Großeltern – von den konkreten Taten, die sie verursacht haben, gelöst und so zum Verhängnis.[2] Das Gefühl, als Deutsche zwangsläufig schuldig zu sein, scheint einfacher zu verkraften zu sein, als das Wissen, um die konkrete Schuld der eigenen Familienmitglieder.

Auf diese Weise blieben wichtige Fragen unbeantwortet: Wie haben die Großeltern ihre nationalsozialistische Überzeugung und die Verbrechen der Nazi-Zeit zusammengebracht mit dem menschlichen Anstand, den sie uns vermittelt haben? Welche alltäglichen Handlungsabläufe und Beziehungsstrategien haben es ihnen möglich gemacht, ihr persönliches Verantwortungsgefühl mit einer verbrecherischen Ideologie zu vereinbaren? Wo und wie sind sie konkret schuldig geworden? Fragen, die vielleicht verhindern können, dass wir, die Nachgeborenen, tatsächlich wieder schuldig werden, weil wir – wahrscheinlich ähnlichen Strategien wie die Großeltern folgend – etwas lieber nicht so genau wissen wollen. Vermutlich hätte ich auf diese Fragen keine Antwort bekommen – die Erzählungen meiner Großeltern liefen meistens darauf hinaus, sich selbst zu entschuldigen. Aktuelle Kontroversen, mit denen ihnen Raum für Umkehr entstand, waren nach meiner Erinnerung die einzigen Situationen, in denen sie eigene Fehler benennen konnten. Zu dem Bekenntnis „wir haben gesündigt" sahen sie keine Möglichkeit.

Keine Erbsünde, sondern geerbte Schuld
Wenn die Klagelieder das Beziehungsgefüge der Generationen beschreiben, unterscheiden sie zwischen Sünde und Schuld: „Unsere Väter haben gesündigt, sie sind nicht mehr, wir aber, wir tragen ihre Schuld" (Klagelieder 5,7). Die beiden Worte „Sünde" und „Schuld" werden häufig nebeneinander gebraucht. Beide sagen an, dass Humanität außer Kraft gesetzt wurde. Doch gibt es eine Bedeutungsdifferenz beider Worte, die beispielhaft in der Geschichte Davids zutage tritt. Der König David lässt Bathseba, die Frau eines seiner Soldaten zu sich holen, schläft mit ihr und lässt ihren Mann Uria ermorden. Als Gott – durch den Propheten Nathan – David mit diesem Unrecht, das er getan hat, konfrontiert, bekennt David, dass er gegen Gott *gesündigt* hat, und diese *Sünde* wird ihm von Gott vergeben (2 Samuel 12,13). Trotz der Vergebung seiner Sünde bleibt jedoch Davids Schuld. Seine Taten haben nämlich Konsequenzen, die ihm von Gott angekündigt werden. „Den Hethiter Uria hast du mit dem Schwert erschlagen ... nun wird das Schwert von deinem Haus nicht mehr weichen". „Die Frau des Hethiters Uria hast du dir genommen ... siehe, ich werde in deinem Haus Unheil wider dich anstiften und werde deine Frauen vor deinen Augen wegnehmen" (2 Samuel 12,9–11). Eine Spirale der Gewalt hat David in Gang gesetzt, die mit dem Aufstand seines Sohnes Absaloms über ihn selbst hereinbricht. Diese Zerstörung von Gemeinschaft, die er selbst mit seinen Taten angerichtet hat, nennt David „*seine Schuld*" (2 Samuel 16,12). Demnach bezeichnet Sünde *die Verfehlung unserer Menschlichkeit*, während Schuld das *Unheil benennt, das durch Inhumanität in die Welt gesetzt wird.*

Besonders für den christlichen Glauben ist es wichtig, diese Unterscheidung zwischen Sünde und Schuld zu beachten, damit die Hoffnung auf die Vergebung von Sünden nicht zu einem falschen, leichtfertigen Umgang mit unserer Vergangenheit führt. Die Vergebung der Sünden löst die einzelnen von der Bindung an ihre Untaten. Die einzelnen Menschen sind nicht mehr das, was sie getan haben. Neues Leben wird möglich. Und ich hoffe, dass Frauen und Männer für die Verfehlung ihrer Menschlichkeit während der Zeit des Nationalsozialismus in diesem Sinne bei Gott Vergebung suchen und finden. Doch die Schuld, die durch die Verbrechen der NS-Zeit entstanden ist, wird durch die Vergebung der Sünden, die einzelne erbitten, nicht aus der Welt geschafft. Die Vergebung, die Gott mir gewährt, tilgt nicht die Verletzungen, die durch meine Taten anderen Menschen zugefügt wurden. Vor dem Hintergrund der Davidgeschichte lässt sich der Zusammenhang von Vergebung der Sünden und Umgehen mit Schuld folgendermaßen formulieren: Wenn Gott einem Menschen seine Sünde vergibt, befähigt er ihn dazu, mit der Zerstörung von Gemeinschaft, die seine Untaten bewirkt haben, als seiner Schuld verantwortlich umzugehen.

Angesichts dieser unterschiedlichen Bedeutung von Sünde und Schuld wird deutlich, dass die Klagelieder kein Verhängnis beschreiben. Die Kinder haben nicht qua Geburt Anteil an den Verfehlungen ihrer Eltern. Wir sind – um es noch einmal zu wiederholen – als Deutsche nicht zwangsläufig schuldig. Wir erben keine Sünde, aber wir erben Schuld. D. h. wir erben die Tatfolgen der Sünden unserer Vorfahren – dazu gehören die Verletzungen, die die Verbrechen der NS-Zeit in den Seelen vieler Menschen hinterlassen haben. Wir sind dafür verantwortlich, dass diese Verletzungen nicht verdrängt und nicht beschönigt werden, sondern alles Menschenmögliche getan wird, um Unrecht wieder gutzumachen und die Wunden der Überlebenden und ihrer Nachkommen zu heilen. Wir sind dafür verantwortlich, dass die Gedankengänge und Gewohnheiten, die die Großeltern an ihren Mitmenschen schuldig werden ließen, nicht in der Gegenwart weiterwirken.

Eine Erfahrung von Gottes Gericht
Die beschriebene Verantwortung verpflichtet im Raum der Kirche zur Kritik und zur Abkehr von theologischen Selbstverständlichkeiten wie der Rede vom verworfenen Volk, vom alten Bund oder vom alten Testament, die das Existenzrecht des jüdischen Volkes in Frage gestellt und den Antisemitismus gefördert haben. Eine Umkehr ist nötig, wie sie in den letzten Jahrzehnten an vielen Orten begonnen wurde. Der ganze christliche Glaube muss neu durchbuchstabiert werden. Teil des gefährlichen Gedankenguts, das verlernt werden muss, ist die Behauptung, der Gott des Alten Testaments sei ein Gott der Rache, während das Neue Testament von einem Gott der Liebe berichte. Hier wird das Gotteszeugnis beider Testamente zur Karikatur, zugleich findet eine Verengung der Wirklichkeit statt, die in der Auseinandersetzung mit unserer Vergangenheit in eine Sackgasse führt, als hätten Christinnen und Christen nur mit Gottes Liebe und Vergebung zu tun.

Für die Frauen und Männer Israels, die in den Klageliedern Schuld als einen Teil ihres väterlichen Erbes benennen, ist die Auseinandersetzung mit dieser Hinterlassenschaft ihrer Vorfahren keine freiwillige Entscheidung. Sie beklagen diese Erbschaft. Sie beschreiben sie als Gericht Gottes. Sie haben erfahren, dass Gott Unrecht nicht hinnimmt, sondern der Schuld ihrer Väter nachgeht und das Tragen ihrer Konsequenzen von den Nachkommen einfordert.

Vor dem Hintergrund dieser Erfahrung erscheint das immer wieder geäußerte Bedürfnis, einen Schlussstrich unter die Vergangenheit zu ziehen, als ein hilfloses Bemühen, das uns von unserer Vergangenheit nicht frei macht. Denn Gottes Erinnerung bleibt. Israels Gott vergisst die Menschen nicht, die in Unrecht zugrunde gingen. „Er sucht Bluttat heim, gedenkt der Erniedrigten und vergisst den Schrei der Elenden nicht" (Psalm 9,13). Gottes Gedenken befreit sie aus Vergessenheit und Tod und vergegenwärtigt ihr Leben und Leiden. Auch die Erinnerung des jüdischen Volkes an die Verbrechen der Jahre 1933 bis 45 bleibt. Um der Ermordeten willen wird und muss ihre Erinnerung bleiben. Wieder und wieder werden die Verbrechen als Verbrechen benannt und geächtet, wieder und wieder wird von dem Leid des jüdischen Volkes erzählt werden. Wieder und wieder wird so auch von ihren Mördern erzählt werden, von Anstiftern und Mitwissenden. Es bleibt der Schrei nach Erlösung von Trauer und ohnmächtigem Zorn und auch der Schrei nach Vergeltung. Die Verweigerung dieser schmerzhaften Erinnerung birgt keine Zukunft. Wer einen Schlussstrich unter die ganze Geschichte ziehen will, verstrickt sich nur einmal mehr in die zerstörerische Macht der Vergangenheit. Er/sie fällt in Verhaltensmuster zurück, die die Perspektive der Opfer und die Erinnerung der Überlebenden ausklammern. Erschrecken und Scham über diesen Teil unserer Geschichte gehören bleibend zu deutscher Identität. Eine Perspektive, mit diesem Erbe aufrecht zu leben, kann m. E. entstehen, wenn wir lernen, die unangenehme Konfrontation mit unserer Geschichte als eine Erfahrung von Gottes Gericht über die Untaten der Deutschen jener Jahre zu verstehen.

Die Hoffnung auf ein solches Gericht wird in Soma Morgensterns Buch „Die Blutsäule. Zeichen und Wunder am Sereth" ausgedrückt – mit Worten kaum erträglich für die Täter/innen und ihre Erben: „Die Schänder der Schöpfung, die Mordbrenner, ausgelöscht ihr Name im Buch des Lebens und im Buch des Todes. Brennend Feuer und verderbender Strahl fresse und tilge vom Angesicht der Menschheit Zug um Zug jeglichen Zug, der an diese Deutschen im Fleische oder im Geiste je gemahnen sollte. Das Blut, das sie vergossen haben, es wird gegen sie aufstehen (...) und sie vertilgen vom Angesicht der Erde. Die Kindermörder und die Kinderbrenner, die Täter und die Anstifter, die Räuber und die Hehler, die Angeber und die Helfershelfer in Mord und Pein, ausgelöscht ihr Name im Buch des Lebens und im Buch des Todes – sie werden dem Fluch nicht entrinnen."[3]

Diese Erwartung von Gottes Gericht lässt sich nicht als eine Krankheit der Opfer abstempeln. Sie lässt sich auch nicht als ein typisches Phänomen des jüdischen Glaubens beiseite schieben und in ihrer Bedeutung für Christen und Christinnen verleugnen. Der Schrei nach der Rache des Himmels begegnet uns in vielen biblischen Schriften, in den Psalmen der hebräischen Bibel genauso wie in der Johannesapokalypse des Neuen Testamentes und gehört unaufgebbar zu der Zukunftshoffnung, die Juden und Jüdinnen und Christinnen und Christen gemeinsam haben. „Das Diesseits wird frei werden von allem Übel", so formuliert Soma Morgenstern diese Hoffnung (150). „Kommen wird die Zeit, da es auf dieser Erde keine Starken geben wird und keine Schwachen, keine Jäger und nichts Gejagtes, keine Bedrücker und keine Bedrückten, keine Schläger und keine Geschlagenen, keine Herren und keine Diener, und vor allem: keine Reichen und keine Armen" (149) Auf diese Hoffnung schreibt Morgenstern hin, wenn er die Verbrechen an den jüdischen Einwohner/innen einer Stadt am Sereth im einstigen Ostgalizien vor Gericht kommen lässt. Doch wie kann aus diesem Gericht für uns eine Perspektive entstehen?

Der erzählende Richter
Das Gerichtsverfahren, dass Soma Morgenstern als Befreiung der Erde herbeisehnt, ist als ein Ereignis, auf das wir als unsere Vergangenheit zurückblicken könnten, nicht eingetreten. Meine Großeltern z. B. haben fünf Kinder großgezogen, elf Enkelkinder haben sie aufwachsen sehen. Alle leben und sind wohlgehalten. Und es kann nicht ausgeschlossen werden, dass in unserer Familie Charakterzüge fortbestehen, die daran erinnern, dass und wie die Großeltern zu Helfershelfern von ungeheuerlichen Verbrechen wurden. Gleichzeitig merke ich beim Lesen von Morgensterns Geschichte: das Gericht geschieht. Der Fluch, dass Feuer und Strahl vom Angesicht der Menschheit vertilge, was an „diese Deutschen im Fleische oder im Geiste je gemahnen sollte", trifft mich. Und diese Erfahrung stimmt mit Morgensterns Beschreibung überein, dass das Gerichtsverfahren, von dem er erzählt, nie aussetzt. „Solange die Untaten nicht aussetzen, die eine Welt in Nacht und Finsternis verworfen haben, wird das Verfahren fortdauern" (59).

In diesem Gerichtsverfahren tritt ein „erzählender Richter" auf. Ihm obliegt die Aufgabe, das Schicksal der jüdischen Gemeinschaft jener Stadt am Sereth mit ihren Hauptpersonen, dem Toraschreiber Zacharias Hakohen, seiner Frau Scheva und ihren beiden Söhnen Nehemia und Jochanaan zu Gehör zu bringen. Seine Erzählung ist „das erste Hauptstück des Verfahrens" und zugleich – so geht aus seinem Namen hervor – Teil des Gerichts. Seine Erzählung wird fortgesetzt von dem „klagenden Richter", der die Leiden erzählt, die über diese Menschen mit dem Einmarsch der deutschen Truppen und der SS in ihre Stadt hereinbrechen. Auch seine Erzählung, seine Klage und Anklage, ist – so der Name – Teil des Gerichts. Diese beiden Figuren übernehmen in einem großen Teil des Buches die Rolle des Romanerzählers. Mit ihnen reflektiert Soma Morgenstern seine Tätigkeit als Schriftsteller und Erzähler. Er findet angesichts der sechs Millionen Toten seines Volkes einen Ausweg aus dem Verstummen. Er erzählt und seine Erzählung versteht er als Gericht. Sein Buch erzählt die Geschichte der Juden und Jüdinnen einer Stadt in Ostgalizien und diese Erzählung ist Teil eines Gerichtsverfahrens, auf das im Himmel und auf Erden gewartet wird. In diesem Verfahren wird das bereits zitierte Urteil gefällt, „die Schänder der Schöpfung, die Mordbrenner ausgelöscht ihr Name im Buch des Lebens und im Buch des Todes" – ausgesprochen als Gerichtswunsch von einem der gequälten jüdischen Kinder in Erinnerung an seinen ermordeten Bruder. Dieses Urteil wird nicht vollstreckt. Sein Vollzug ist die öffentliche Aussprache. Dem Weiterwirken der Lebensverhältnisse, die die Verbrechen möglich gemacht haben, wird ein Fluch entgegengesetzt – und so geschieht das Gericht.

Die Leserinnen und Leser des Buches erfahren von einem Gerichtsverfahren, in dem Himmel und Erde sich berühren, und sie werden in dieses Verfahren hineingestellt. Die Erzählung der Geschichte jener jüdischen Gemeinschaft wirkt als Gericht. Diese Dimension der Erzählung von Geschichte ist mir bei der Lektüre des Buches klar geworden. Sie verpflichtet auf neue Weise, meinerseits wieder und wieder von der Zeit des Nationalsozialismus, ihren Opfern und ihren Verbrechen zu erzählen. Wenn vom Leid des jüdischen Volkes erzählt wird, wenn die Verbrechen an diesem Volk angeklagt werden, und der Wunsch öffentlich ausgesprochen wird, dass von dieser Erde alles verschwinden möge, was an die Verbrechen der Deutschen erinnert, dann geschieht Gericht. Denn die Erzählung arbeitet der Stumpfheit und ihren Verhaltensmustern entgegen, die die Verbrechen möglich gemacht haben. Durch die Erzählung, beim Erzählen lernen wir fremdes Leid spüren. Wir lernen den Zorn und die Vergeltungswünsche derjenigen kennen, die ihre Familienmitglieder und Volksgenossen und -genossinnen in deutschen Lagern verloren haben. Wir erschrecken über das Verhalten derjenigen Menschen – Priester und Pfarrer z. B. –, von denen eigentlich Hilfe hätte erwartet werden können. Und wir werden mit der Frage konfrontiert, ob es an uns Züge gibt, die die Entwicklung vieler Deutschen zu Mördern und ihren Helfershelfern, zu Räubern und Hehlern begünstigt haben und die an diese Vorfahren erinnern, ob in uns ihre Verhaltensweisen weiterwirken? Wir spüren die Verurteilung der Unmenschlichkeit unserer Vorfahren am eigenen Leib als Krise unseres Selbstverständnisses und unserer Selbstzufriedenheit.

In dieser Krise liegt eine Lebensperspektive, wenn wir sie als Teil von Gottes Gericht begreifen. Gott stellt in seinem Gericht die peinliche Konfrontation mit den Verhaltensweisen und Mechanismen, die die Verbrechen möglich werden ließen, in den Dienst von neuem Leben. Die Krise, die die Erinnerung an die Untaten unserer Vorfahren für uns bedeutet, kann zu einer Erfahrung der Zuwendung Gottes werden. Wir begreifen, daß er mit der Erzählung der Vergangenheit an uns arbeitet, damit in seiner Welt die Täter und Täterinnen, Anstifter und Helfeshelferinnen von Mord und Pein verschwinden. Wir erfahren, dass Vergessen Verbannung, Erinnerung Erlösung bedeutet. Mit dem Versuch, einen Schlussstrich zu ziehen und zu vergessen, verstricken wir uns in die Verhaltensregeln der Vergangenheit. Die Erinnerung jedoch verändert. Sie löst uns von alten Ausgrenzungsmechanismen, denn sie stellt die Leidenden ins Zentrum. Uns wird ein Prozess – im doppelten Sinne dieses Wortes – eröffnet, der in neue grenzüberschreitende Lebenszusammenhänge hineinführt, die angesichts der ungeheuerlichen Verbrechen nur möglich werden, wenn die Deutschen jener Zeit und ihre Nachkommen die vergossenen Tränen der Ermordeten und die quälenden Erinnerungen ihrer Nachkommen am eigenen Körper spüren. Solche Offenheit für die Verletztheit anderer, solche Anteilnahme an fremdem Schmerz ist ein Charakteristikum menschlicher Liebes- und Versöhnungsgeschichten und als solches ein Zeichen für die kommende versöhnte Menschheit.

Wir machen eine Erfahrung, vergleichbar dem Zeugnis der biblischen Schriften, die berichten, dass „das Gericht beim Hause Gottes anfängt" (1 Petrus 4,17). Gerade diejenigen, die sich belasteten Begegnungen öffnen und einer Konfrontation mit dem Leid, das Deutsche verursacht haben, nicht ausweichen, spüren in diesen Begegnungen Kritik und sind Anfragen an eigene Verhaltensmuster ausgesetzt. Mir steht z. B. noch einmal die Begegnung meiner Schwester mit Sally Perel vor Augen. Gerade Menschen, die Verständigung wollen, kommen in beklemmende Situationen. Gerade sie kommen ins Gericht – und lernen damit etwas über Gottes Gericht, nämlich dass Gericht zu Gottes Heilshandeln gehört. Denn indem Gott sein Gericht am Hause Gottes beginnt, bei Menschen, die sich mit ihm auf den Weg gemacht haben, offenbart er sein Richten als Teil seiner *Zuwendung* und zeigt seine *Verbundenheit* mit denen, die er richtet.[4] Mit der Kritik erfahren wir sein Interesse. Der Gott, der den ermordeten Juden und Jüdinnen Recht schaffen wird, hat sich von uns Nachkommen einer Tätergeneration nicht abgewandt. Er eröffnet uns einen Prozess! Und so wächst aus unserer eigenen Lebensgeschichte eine Hoffnung auf die befreiende, zukunftschaffende Kraft von Gottes Richten, die mir die ehrliche Auseinandersetzung auch mit unseren Großeltern und ihrer Geschichte erleichtert hat. Im Gericht – auch im Jüngsten Gericht, das auf die Großeltern zukommt – ist Gott nicht fern, sondern nahe. Hier wendet sich Gott den einzelnen zu, um Unrecht in Ordnung zu bringen.

---

[1] Ingeborg Schäfer, Susanne Klockmann, Mutter mochte Himmler nie, Hamburg 1999.
[2] Vgl. Birgit Rommelspacher, Schuldlos-Schuldig? Wie sich junge Frauen mit Antisemitismus auseinandersetzen, Hamburg o. J.
[3] Soma Morgenstern, Die Blutsäule. Zeichen und Wunder am Sereth, Lüneburg 1997.
[4] Friedrich-Wilhelm Marquardt, Was dürfen wir hoffen, wenn wir hoffen dürfen? Eine Eschatologie, Band 3, Gütersloh 1996, 236ff.

Theologische Reflektionen

„Vorwärts und nicht vergessen!"
von Friedrich-Wilhelm Marquardt

Friedel Marquardt hatte gerne zugesagt, für das Projekt „Eine Kiste im Keller" einen Artikel zu schreiben. Er ist nicht mehr dazu gekommen. Am 25. Mai 2002 ist er unerwartet gestorben. Wir hatten uns über seine Zusage sehr gefreut, weil Friedel Marquardt einer der wenigen uns bekannten Professoren in Deutschland ist, der sich auch theologisch von Auschwitz hat erschüttern lassen. Er ist uns und der Kirche vorangegangen, indem er damit ernst gemacht hat, theologisch umzudenken. Wir danken ihm dafür. Der Artikel ist die gekürzte Fassung eines Vortrags, den Marquardt auf Einladung des christlich-jüdischen Komitees Graz anlässlich der Eröffnung der neu erbauten Synagoge in Graz (November 2000) gehalten hat.

Vorwärts ...

Wir haben es in den Beziehungen von Christen und Juden nach der Schoa [hebräische Bezeichnung für die Vernichtung des jüdischen Volkes im Zweiten Weltkrieg] bitter nötig, voranzukommen und nicht auf der Stelle zu treten. Auf beiden Seiten wächst eine Generation heran, die aus eigenen Verstrickungen von Hitler nichts mehr weiß. Gewiss ist es der Quantität nach viel zu wenig, was diese Jungen von ihren Großeltern und Eltern in Erfahrung gebracht haben über dieses unsagbare Gemisch von seelischer Kälte, geistiger Gleichgültigkeit und kollektiver Feigheit jener Generationen; und es ist vor allem auch qualitativ „zu wenig" (wenn man so mit „viel" und „wenig" überhaupt wägen und abmessen darf); was brennt schon den Älteren unter uns Christen wirklich im Gewissen?

Eine Gewissenserziehung bleibt darum unverzichtbar, und sie wird nur gelingen, wenn wir Älteren beharrlich an unserer Selbsterziehung arbeiten, der Erinnerungen nicht müde werden und uns dem immer neuen Andrang von Schrecklichkeiten aussetzen, von denen wir bisher wenig oder gar nichts gehört haben. Wir wollten wohl gern, dass die vergehende Zeit „alles heilt", wir durch den Zeitabstand alles historisch ruhiger sehen können, differenziert und jedenfalls nicht mehr unter einem Druck unserer Betroffenheiten. Aber die Zeit tut's nicht. Sie fesselt uns in ihren Bann. Und doch: Vorwärts – gerade weil wir uns nicht ins Vergessen fallen lassen können, wie viele wohl gerne möchten. Erlauben Sie mir, es ganz parolenhaft kurz auszudrücken: Von heute an wollen wir Christen versuchen, ein neues Zusammenleben mit Juden zu beginnen; uns zu reinigen von zweitausend Jahren christlichem Judenhass; von einer falschen antijüdischen Art, die Bibel zu lesen; von den Zwängen religiöser Feindbilder, Gebilden eines christlichen Hochmuts, die in Wahrheit nur einen Minderwertigkeitskomplex anzeigen, als gemeine Aggression unseres christlichen Selbstzweifels. Weil wir als Christen nie stark genug wissen, wer wir selber sind, hassen wir „die Anderen".

Vorwärts! Wir wollen kämpfen um einen neuen Sinn, eine christliche Mehrheit zu sein. Dazu wollen wir die Minderheiten, und ganz besonders die jüdische Minderheit, in den Schutz unserer Stärke nehmen vor allen wahnsinnigen Biedermännern und Brandstiftern, Hakenkreuzschmierern und Friedhofsschändern, Fenstereinwerfern und Molotowcocktail-Werfern aus unseren Reihen. Sollte es nötig werden, werden christliche Gemeinden von nun an Tag und Nacht Wachen rund um die Uhr an jüdischen Orten postieren, wenn, wie bei uns in Berlin, für so etwas nicht mehr genug Polizeischutz gestellt werden kann; oder christliche Gemeinden werden Kollekten sammeln, um Wachdienste zu beauftragen und zu bezahlen. Noch mehr als das. Vorwärts! Von nun an tun wir uns mit Juden zusammen, wenn sie es innerlich schon können und mögen, und fragen, welche Ziele einer gesellschaftlichen Arbeit sie und wir uns gemeinsam vornehmen können zur Stärkung von Demokratie und Recht, von sozialem Gewissen und bürgerlicher Bildung, von Hilfe für unter die Räder Gekommene, vor allem aber zur Abwehr jeder offenen, noch mehr jeder verborgenen und in hehre Ideen verpackten Aversion gegen das Fremde und „die Anderen".

Wir haben mit den Juden die biblischen Propheten gemeinsam und Jesus, den Juden: unerschöpfliche und längst nicht genug erschlossene und praktisch umgesetzte Soziallehre, viel radikaler als irgendeine evangelische oder katholische Soziallehre in ihren Anforderungen, viel einfallsreicher in ihren Anregungen und Angeboten ...

Dreimal vorwärts also:
1. Christliche Selbstreinigung.
2. Minderheitenschutz.
3. Gemeinsam kämpfen für Ziele von Recht, Hilfe und Fremdenfreundlichkeit – was mehr ist als bürgerliche Toleranz.

... und nicht vergessen

Aber natürlich keine Amnesie, kein Vergessen. Vorwärts kommt nur, wer nicht vergessen will. Auch das Verhältnis zur Vergangenheit, zur Geschichte, ist eine Willenssache, und sie geht im Verhältnis zu den Juden gerade uns Christen an. Juden werden über Generationen hin „nicht vergessen", nicht „einschlafen" können mit ruhigen Gedanken. Bei uns wollen nur zu viele alles einstige vergessen machen. Wir Christen aber stehen fürs Nicht-Vergessen-Wollen. Natürlich wissen wir, dass Vergessen-Können eine Wohltat und ein Trost der Seele sein kann, also etwas gut Menschliches. Aber umso mehr stellt sich Christen die Aufgabe, nicht vergessen zu wollen. Wir machen uns selten klar, dass Nicht-Vergessen-Wollen das Wesen des jüdischen und des christlichen Glaubens ausmacht.

„Vergiss nicht, was er dir Gutes getan hat" lehrt uns ein großer Psalmensänger (Psalm 103,2) und „Solches tut zu meinem Gedächtnis", ist die Überlebenslehre Jesu an seine Freundinnen und Freunde bei seinem Abschied von ihnen. Jesus folgen heißt nichts anderes, als ihn nicht vergessen.

Nun könnten wir freilich denken, der Glaube meint: das Gute nicht vergessen. Aber das Wort schließt in der Bibel doch alles ein; Gutes und Schlechtes zusammen, mit Gottes Treue auch unser Versagen.

Mir ist ein Wort aus dem jüdischen Buch Jesus Sirach (7,29) besonders lieb, das heißt: „Vergiss nie, wie sauer du deiner Mutter geworden bist", auch deiner jüdischen Mutter. – „Ich gedenke heute an meine Sünden" heißt es im 1. Buch Mose (41,9), oder in der Übersetzung des jüdischen Gelehrten Martin Buber: „Meine Sünden muss ich heute erinnern." Ein Tag des Gedenkens der eigenen Sünde gehört zum Judentum: Jom Kippur; zum protestantischen Christentum: Bußtag. Da gedenkt man Gottes, indem man sich der eigenen Sünde erinnert, sich ihrer nicht schämt und sie laut sagt, hörbar in der Gemeinde und vor Gottes Ohren. Juden und Christen sind geübt in einer solchen Schamlosigkeit; oder soll ich sagen, in einer solchen Unverschämtheit. Jedenfalls darin, eigene Schuld und Fehler nicht zu vertuschen und vor anderen zu verheimlichen. Das feit sie gegen seelische Zwänge und gegen Verdrängen.

Natürlich muss man fragen, lässt sich solche innere Offenheit und freie Ehrlichkeit von der religiösen Gemeinschaft auf das ganze Volk übertragen, aus religiösen Innenräumen in die Außenwelt?

In Deutschland haben wir das im Jahre 1943 versucht, als ein paar Evangelische das Stuttgarter Schuldbekenntnis laut vor den Ohren von Ausländern abgaben. Das gab einen Aufschrei in der Öffentlichkeit, leider auch in der Kirche. Schuld, hieß es, lässt sich nur vor Gott bekennen, und nur für einen einzelnen Menschen ganz persönlich. Welche Anmaßung, es für das ganze Volk zu tun, welche politische Dummheit und Ungeheuerlichkeit, denn damit gibt man sich ja in die Hände all derer, die etwas gegen uns haben und macht sich erpressbar! Von keinem Volksvertreter, keinem Politiker könne man das verlangen, im Gegenteil: Er sei von Amts wegen verpflichtet, Schaden vom Volk abzuwehren, gerade auch Schaden, den ein Volk sich selbst zufügen würde, wenn es sich als schuldig bekennte.

Ähnlich hat auch Martin Walser vor drei Jahren argumentiert, als er in Frankfurt den Friedenspreis des deutschen Buchhandels erhielt und dort sagte, wir dürften nicht weiter diese Erinnerung an unsere Schande von Auschwitz so in den Vordergrund des geistigen Lebens stellen, denn dann könnte Auschwitz politisch und gesellschaftlich, wie er sagte, „instrumentalisiert" und zu einer „Moralkeule" missbraucht werden, auch gegen die, die gar nichts mit Auschwitz zu tun gehabt hätten.

Ich erinnere an beides, Stuttgart 1943 und Frankfurt 1998, nur um zu sagen: Ich weiß schon, es ist zweierlei, ob wir unserer Schande im Gottesdienst oder irgendwo anders in der Öffentlichkeit gedenken; ob wir Christen das nur für uns oder für viele andere gleich mittun. Aber nun wollen wir die Losung: „Nicht vergessen" ins Zeichen des „Vorwärts", eines Neuanfangs stellen; da gehört dann meines Erachtens dazu, dass wir unsere schuldhafte Vergangenheit aus einem Verhängnis in eine Willenssache verwandeln. Nur so kann ja unsere Nazi-Vergangenheit das Bedrückende, Beschämende verlieren und zu einem Teil eines neuen Lebens und Zusammenlebens mit Juden werden. Ich sehe, dass sich uns Christen zwei Aufgaben sich stellen, die wir anpacken können:

Erstens:
Wir sollten auch beim gottesdienstlichen Sündenbekenntnis nicht länger nur an unser ganz persönliches Sündigen und an die Not denken, die wir Gott damit bereiten; wir sollten auch an so viel Falsches denken, was in der Gesellschaft, zu der wir gehören, auch durch unser persönliches Dazutun angerichtet wird. Lasst uns dafür nicht so allgemeine, sondern konkrete Worte finden, Ursachen und Folgen bedenken, benennen, erkennen. Jedes Sündenbekenntnis habe etwas von analytischem und kritischem Geist, selbstkritischem vor allem, aber auch genauem. Lasst uns also unterscheiden, was heute Siebzigjährige und Fünfzigjährige und Zehnjährige „nicht vergessen" wollen; unterscheiden, was Ärzte, was Universitätslehrer, was Eisenbahner, was Büroleute, was Hausfrauen, was Kaufleute, was Industriearbeiter, was Gastwirte, was Bauern, was wir Pfarrer „nicht vergessen" wollen. Lasst uns nicht alles in einen Topf zusammenwerfen.

Und dann sollten wir auch nicht bloß vor Gott gedenken, sondern auch vor den Mitmenschen. Jesus sagte: Bevor wir zum Altar kommen, sollen wir uns mit dem Bruder versöhnen, der etwas gegen uns hat (Matthäus 3,23). So etwas wie eine jüdisch-christliche Erneuerung wäre, wenn es in der Kirche nach Jesus ginge, nicht die Folge, sondern die unabdingbare Voraussetzung für einen christlichen Gottesdienst; und wir hätten, wenn es nach Jesus ginge, seit 1943, oder schon seit 1933, gar keinen Gottesdienst mehr feiern sollen. Einfach deswegen, weil es in Jesu Augen Frieden mit Gott oder von Gott gar nicht geben kann, solange unser Bruder Israel, unsere Schwester Zion, noch etwas gegen uns haben – und wären es schlechte Träume und neue Angst. Daher kommt es, dass wir Gott nur dann „nicht vergessen" und verleugnen, wenn wir unser Verhältnis zum jüdischen Volk, wenn wir unser Verhältnis zum Volk dieses Gottes, „nicht vergessen".

Und auch hier wollen wir in Zukunft konkret sein. Unsere Juden- und Gottvergessenheit nistet vor allem in unseren Seelen, als klammheimliches Ressentiment gegen Jüdisches, als das seelisch völlig unkontrollierte Wirtshaus- und Nachbarinnengeschwätz, als abschätzige Bemerkung über Israel, als Judenwitz, wenn er nicht als Witz über eine besonders gewitzte lebens- und leiderfahrene Menschlichkeit erzählt wird, nicht als Überlebensschläue, sondern boshaft, gemein und vernichtend.

Sie nistet in Ideologien von „jüdischer Weltherrschaft", in verquasten Weltanschauungen von Heimatgefühl und vor allem, Gott sei es geklagt, in einer unaufgeräumten theologischen Lehre, in der Israel-Vergessenheit der protestantischen Predigten, in Anschauungen vom Wesen des Christlichen, in denen Juden immer noch gott- und jesus-feindliche Monster oder Gespenster sind, in einem Stolz auf unsere evangelische Freiheit, die sich nur in Verachtung jüdischer „Gesetzesreligion" ausdrücken kann, im sprichwörtlichen Vorurteil gegen das „Pharisäische" und wer weiß, was alles für Unsinn noch. Nur eine solche Art von Selbstaufklärung im gottesdienstlichen Sündenbekenntnis könnte uns befähigen, mit neuen Einsichten aus dem kirchlichen Innenraum in den Außenraum der Öffentlichkeit unseres Volkes, unserer Gesellschaft überzuwechseln, und das sollen wir ja.

Zweitens:
Es ist Zeit, dass Christen damit beginnen, die Last der Vergangenheit in das Selbstverständnis des eigenen Volkes einzuordnen. Ich bin der Meinung, dass wir (erstens) nationale Identitäten gerade unter den Zwängen der kapitalistischen Globalisierung brauchen, dass wir (zweitens) eine deutsche Identität nicht mehr nur über Sprache und Kultur werden finden und erneuern können, also nicht über unser stolzes historisches und kulturelles „Erbe", sondern gute Deutsche werden wir nur, wenn wir aufrecht, nicht mit gebeugtem Kopf und niedergeschlagenen Augen, sondern sehend (hinsehend) auch das schwarze Loch, in das wir unsere Humanität versenkt haben, uns zu eigen machen, den Abgrund einer zu uns gehörenden Abgründigkeit bejahen. Nicht als Schattenseite und Blackout unseres eigentlich hellen Nationalcharakters, sondern als das Moment eines positiven Selbstverständnisses, zu dem gehört: Wir verstehen uns selbst nicht. Wie konnten wir das zulassen? Wie das wollen? Wir wollen nie vergessen, dass wir nicht wissen, wie wir das wollen konnten! Wir brauchen keinen Nationalstolz, auch keinen nationalen Selbsthass, aber eine nationale Selbstgewissheit, zu der gehört, dass wir einiges, was wir von unserer Geschichte wissen, doch nicht mit uns in Einklang bringen können. Lasst uns in unserem Volk für einen Frieden mit uns selbst arbeiten, den wir nicht mit blöder biedermeierlicher Selbstzufriedenheit verwechseln wollen, der aber ein innerer, wissender Friede über dem Abgrund unserer geschichtlichen Verantwortung ist. Ein Friede der Leute, die wissen, dass sie „noch einmal davongekom-

men" sind, ins Überleben gerettet, und dass sie für immer Überlebende der Katastrophe sind, die sie selbst verursacht haben. Sagen wir analytisch vorsichtiger: mitverursacht haben durch völkischen Idealismus, durch Mitläufertum und Feigheit gegenüber den eigenen Hemmungen, durch Wegsehen. Solche Verhaltensweisen sind Schäden an unserem Ich.

Es kann zu unserer Ehre gehören, wenn wir freimütig sagen, ja, auch ich entstamme einer Nazi-Familie. Auch mein Vater trug irgendeine von Hitlers vielen Partei- oder Soldatenuniformen, ich selbst die des Jungvolks. Auch meine Großmutter war trunken von dem berühmten tiefen Blick in die Augen des „Führers". Und wenn ich später geboren bin: Ja auch mich haben diese Großeltern und Eltern nicht mehr so interessiert, dass ich sie mit ihrer verschwiegenen Geschichte herausgefordert hätte. Auch ich habe nichts von ihnen erfahren und mir auch kein Bild über meine Herkunft, von ihren Mentalitäten und Lebenslügen machen wollen. Auch wollte ich von mir selbst, meinen unterirdischen Wurzeln, nichts wissen, als ich von ihnen nichts wissen wollte. Unsere Ehre hieße hier: Treue zu den Eltern und Großeltern, deren Verschwiegenheit aufzubrechen wäre.

Dazu umgekehrt aber: Es wäre unsere Ehre, in einem politischen-geistigen und religiösen Milieu zu leben, das Wissbegier und Lernbegier und Selbsterkenntnis aufstachelt und das Nicht-Vergessen zur höchsten Tugend macht. Gerade wir Christen wissen, dass durch Jahrtausende hindurch Sonntag für Sonntag und Tag für Tag die uralte Propheten- und Jesusgeschichte immerzu wiederholt wird und machen dabei die Erfahrung, dass sie sich nicht überholen lässt, sie darum auch nicht langweilig und nichtssagend werden kann. Ja, dass wir jede Woche, jeden Tag davon zehren, dass diese alte Geschichte immerzu wiederholt wird. Juden und Christen sind Menschen, denen ihre Vergangenheit nicht über wird. Und nun ist es gewiss nicht dasselbe, wenn wir uns unsere Geschichte mit Hitler und unsere Verantwortung für Auschwitz unermüdlich wiederholen; Gott hat zu unserem Glück einen längeren Atem als unsere Schuld. Aber auf die Frage: „Wie lange denn noch?" habe ich mir folgende Antwort erarbeitet: Schlicht so lange, solange Hitler-Opfer und Juden unsere Zeitgenossen sind und um ihren Schlaf gebracht werden, wenn sie an uns denken. Das sind ja, wie wir lernen mussten, nicht nur die unmittelbar Überlebenden der Konzentrationslager, auch ihre Kinder und Enkel tragen zum Teil schwere seelische Störungen, weil sie mit gequälten, schlaflosen, unglücklichen Eltern und Großeltern heranwuchsen. Wie sollen wir unbetroffen daran vorbeieilen und es uns einfach nur gut sein lassen?!

Und noch etwas, was uns erst seit der europäischen Wende in den letzten zehn Jahren bewusst wird. Immer noch vergeht kaum eine Woche ohne Bombenfunde aus dem Krieg auf den Grundstücken unserer Städte. Die sind auch in fünfzig Jahren nicht verrottet und entschärft. Unsere Feuerwerker sind immer wieder dabei, unter Lebensgefahr die Funde des Krieges ungefährlich zu machen. So nah ist uns diese Zeit noch!

Und so auch: Woche für Woche erscheinen neue Dokumente aus den jetzt geöffneten Archiven der ehemaligen Sowjetunion über Besitzverhältnisse an Häusern und Grundstücken, die von den Nazis erzwungen wurden, über Konten, über Bilder und Kunstgegenstände. In den Häusern ganzer Straßenzüge in Berlin tauchen jetzt erst die Namen einstiger Besitzer und die Rechtsansprüche geretteter Nachkommen auf. Erst jetzt müssen Firmen an ihre Arisie-

rungsgewinne, Familien an ihre ukrainischen Hausmädchen, Bauern an ihre „Fremdarbeiter" aus den Lagern, und Kirchengemeinden an Zwangsarbeiter auf ihren Friedhöfen denken.
Kaum ein Monat, in dem nicht jetzt erst durch Dokumente die Erinnerung an KZ-Außenlager geweckt wird, von denen bisher niemand „etwas wusste". Mein ganzes Deutschland sehe ich geografisch neu: Es war bis in einsamste Ferne und allernächste Nähe ein einziges Netz von Konzentrationslagern, und ich habe viel dazulernen müssen: Zuerst hieß es, die großen Schreckenslager befanden sich mit wenigen Ausnahmen außerhalb der Grenzen des „Reichs" und darum haben wir es nicht wissen müssen. Dann wuchs die Kenntnis von Lagern im Reich. Und nun – dritte Phase des Erwachens – reiht sich sogar im gedrängten Stadtgebiet Berlins ein sogenanntes „Außenlager" an das andere. Eine Reise durchs Vaterland schnürt mir heute den Hals zu.
Ich denke an all das nur, weil es zeigt: „Nicht vergessen" ist keineswegs nur eine Sehnsucht von innen und ein Kampf um Tugend und Ehre. Es ist unvermeidlich, weil jene Vergangenheit wirklich noch nicht vergangen ist. Wollten wir vergessen, würden wir hoffnungslos gegenwartsblind. Nur wer nicht vergisst, ist up to date – Mensch von heute: Zeitgenosse, und gerade nicht „von gestern".

Freilich braucht ein Volk einen ausgeglichenen seelischen Haushalt. Darum bringt eine einseitige Betrachtung nichts Gutes. Auch Menschen unseres Volkes haben gelitten, und auch da kommt jetzt erst viel Verdrängtes oder bisher unter Tabu Gestelltes ans Tageslicht. Ich denke z. B. an die armen Kinder des Himmlerschen Rassenwahns, die, in den Zuchtanstalten des sogenannten „Lebensborns e.V." gezeugt und geboren, ohne Wissen um ihre Eltern aufwachsen mussten, in Norwegen z. B. als Bastarde gesellschaftlich ausgeschlossen, z. T. für schreckliche chemische Experimente benützt, in Europa hin- und hergeschoben, und – wie wir jetzt wissen – auch von der DDR als politisches Erpressungsmittel missbraucht, um das Wissen von sich selbst betrogen worden. Erst seit zehn Jahren gelingt es einzelnen, noch Spuren zu uralten leiblichen Müttern und Vätern zu finden. Ich wusste bisher nicht, wie schrecklich es ist, Mensch ohne Wissen um die eigenen Wurzeln zu sein. Diese Opfer wurden krank an ihrer persönlichen Geschichtslosigkeit; und keiner von ihnen könnte, nicht einmal im Traum – gerade dort nicht – auf die Idee kommen: „Macht endlich Schluss mit diesen Geschichten!" Sie sind ein Beispiel für das Selbstzerstörerische an einer Hochschätzung unserer „Art", und für das Unmenschliche, von den eigenen Müttern und Vätern nichts zu wissen.
Ja, auch bei uns wurde und wird noch gelitten. Nur stoßen wir überall, wenn wir ehrlich sind, darauf: Unser Leiden war von Anfang bis Ende ein Leiden an uns selbst.
Hier sehe ich das Schwierige an unserer Aufgabe, an einem Selbstverständnis unseres Volkes zu arbeiten zwischen Selbsthass und gleichgültiger Selbstzufriedenheit. Innerlich zerrissen ist unser Volk schon genug. Die „zwei „Seelen, ach, in unserer Brust" lassen uns oft auf andere Völker ganz deppert wirken, pathetisch, dramatisch unausgeglichen und darin unberechenbar gefährlich nach wie vor. Für unsere Zukunft käme es darauf an, mit Leben und Tod, Gut und Böse, Licht und Schatten nicht weiter zu spielen, sondern eins im anderen zu bejahen. In dem, was uns auszeichnet, gibt es etwas, was uns bald unerträglich machen kann, in unserem deutschen Sprach- und Kulturbewusstsein, in

dem so viele, die wir vertrieben haben, sich in der Fremde bargen, unsere Überheblichkeit und Unwahrheit: als stünde „unser" Mozart wirklich für uns alle. Aber auch umgekehrt: Aus dem schwarzen Loch, in das wir unsere Humanität versenkt haben, kann eine neue Menschlichkeit aufsteigen, ein Ringen ums Wahrwerden ohne Selbsttäuschung, und so ein Drang zum vere homo, zu einem wahren Menschentum. Beides also. Und hier sind gerade wir Protestanten unserem Volk einen Dienst schuldig.

Wo wir gelernt haben, dass wir vor Gott nicht zwei Halbe sind, sondern ganz „gerecht" und, ohne aufzuhören, ganz gerecht zu sein, zugleich auch ganz „Sünder"; ja, wo wir von unserem Lehrer Martin Luther gelernt haben, dass wir gerade darin ganz „gerecht" und „wahre" Menschen sind, dass wir uns ganz als Sünder erkennen und bekennen, ohne Wenn und Aber: Wenn es uns gelänge, das aus dem Dogmatischen ins Menschliche zu übersetzen, könnten wir unseren Völkern behilflich sein, sich ohne Minderwertigkeitskomplexe als gut zu betrachten und schuldig zugleich; nicht halb gut, halb schuldig, sondern ganz gut und ganz schuldig.

Schuld und Umkehr im öffentlichen Leben
von Dieter Schellong

Wenn die Vergangenheit kollektiver Verbände, wie Staaten oder Völker, Gegenstand von öffentlicher Erinnerung ist, so geht es meist um eine Stärkung des Zugehörigkeitsgefühls zu diesen Verbänden. Dazu muss das Bild der Vergangenheit auf erhebende Momente reduziert und möglichst noch glänzend aufpoliert werden. Sich an hässliche Taten und an Verbrechen der Vorfahren zu erinnern, fällt dagegen schwer und bringt Krisen in das Zugehörigkeits-Bewusstsein – vor allem wenn eine ganze Epoche, und bestehe sie nur aus 12 Jahren, von Verbrechen dominiert war.

Menschen, die ihre eigene Unbedeutendheit nicht aushalten, suchen sich gerne im Glanze der Nation wichtig und stark zu fühlen. Sie vermögen einer so fürchterlichen Vergangenheit wie der des Nazi-Regimes nicht lange ins Auge zu sehen, sondern müssen mit irgendwelchen Ablenkungen diese Vergangenheit relativieren, benötigen sie doch eine erfreulichere Färbung „ihrer" Nation, um sich durch dies Kollektiv in ihrer persönlichen Selbsteinschätzung aufgewertet wähnen zu können. Und je ausgeprägter ihr Geltungstrieb ist und je stärker sie ahnen, selber dem nicht genüge tun zu können, umso energischer müssen sie an einer Ehrenrettung „ihrer" Nation basteln. So scheinen mir etwa Auftritte Martin Walsers zu erklären zu sein.

Der Historiker Reinhard Wittram meinte, dass das Nationalbewusstsein Menschen über die Zwecklosigkeit ihres Daseins hat erheben können – als Ersatz für die Abschwächung der christlich-konfessionellen Bindung und Tröstung.[1] Nach 1945 traute er ihm das aber nicht mehr zu. Dazu ist das Nationalbewusstsein auch nicht unschuldig genug. Das Erhebende kommt ja nur zustande, wenn die Nation *jetzt* Macht und Selbstüberhebung ausstrahlen kann. Und das geschieht nicht zuletzt durch ihre militärische Stärke. Insofern arbeiten diejenigen, die durch die Nation ihr Selbstbewusstsein aufpäppeln wollen, den Machtpolitikern in die Hände, deren Eitelkeit es schmeichelt, über militärische Machtmittel zu gebieten. Das ist das Gefährliche an der geschönten Erinnerung der eigenen Nationalgeschichte. Erinnerung kommt ja nicht einfach spontan in den Sinn, sondern wird gepflegt und ist dabei abhängig von dem, was man mit dem Blick in die Vergangenheit *jetzt* für die Gegenwart und die Zukunft will. Das ist bei allen Rückblicken auf die nationale Vergangenheit mit zu berücksichtigen. Wenn ich hier Gedanken zur Erinnerung an die Zeit des Nationalsozialismus äußern will, so beschäftigt mich dabei, dass und wie das human orientierte Gewissen zum Erliegen und zum Stummwerden kam.

I

Eine entscheidende Voraussetzung dazu war, dass das Nationale – damals nicht anders als heute – von den meisten Menschen ganz anders angesehen und behandelt wird als das übliche Berufs- und Familienleben. Das hängt damit zusammen, dass die Nation Defizite des gewöhnlichen Lebens kompensieren soll. Dann darf sie natürlich nicht nach den Regeln dieses Lebens in seiner Gewöhnlichkeit funktionieren, oder mit den da geltenden Maßstäben gemessen werden. Und da das politische Leben eine Sphäre darstellt, die von den meisten Menschen kaum durchschaut wird, ergibt sich die genannte Zwiespältigkeit fast natürlich. Die politischen Interessen, Ideen und Kämpfe haben mit dem, wie sich Menschen üblicherweise in Beruf und Privatleben beschäftigen und verhalten, wenig zu tun – so folgenschwer auch die Auswirkungen für sie sind. Die politische Welt wird vorwiegend durch Schlagworte mit ihren eigenen Emotionen und Lebensregeln verbunden. Die Menschen werden abgespeist mit einer vorgespielten Welt von „staatsmännischen" Personen, Emotionen und angeblichen Wirklichkeiten, die nicht zu überprüfen ist.

In der dadurch bedingten Unsicherheit setzt sich das vorgegebene Prae, das der Staat und seine Organe wegen ihrer Übermacht und ihrer – erwünschten – Größe im allgemeinen Bewusstsein genießen, durch, so dass sich die Bürger und Bürgerinnen diesem Prae kaum entziehen können, ja nicht einmal den Willen haben können, sich ihm zu entziehen.

Darf man dann aber in diesem Bereich von Schuld sprechen, gar von der Schuld aller? Gewiss, der Ausdruck „Kollektivschuld" ist unpassend, weil Schuld eigene Verantwortung voraussetzt und es ein Kollektivgewissen nicht gibt. Das Problem liegt an anderer Stelle: darin, dass Menschen für das Nationale Sonderregeln gelten lassen und sogar aktiv vertreten, die häufig jeder Moral widersprechen, dass also das human orientierte Gewissen vom Nationalinteresse abgetrennt wird.

Goethe unterschied in den Gesprächen mit Eckermann anhand der Antigone zwischen einer Handlungsweise, die eine „Staatstugend" ist, und einer solchen, die „Staatsverbrechen" zu heißen verdient, und erklärte, „man sollte überhaupt nie eine Handlungsweise eine Staatstugend nennen, die gegen die Tugend im allgemeinen geht". (Dritter Teil, am 28. März 1827.) Wie weit sind wir davon entfernt!

II

Setzen wir bei den Anfängen ein, dabei, dass der Nationalsozialismus sich überhaupt ausbreiten und von Menschen aller Schichten akzeptiert werden konnte. Dass die NS-Clique eine Verbrecherclique war, dazu größenwahnsinnig und nihilistisch zugleich, war durch eine Lektüre von Hitlers „Mein Kampf" ohne Nachhilfe zu erkennen. Allerdings wurde dies Buch kaum gelesen. Ich meine, hierin liegt eine nicht wegzudiskutierende Schuld. Sie besteht aber nicht darin, dass zu wenig Bücher von Politikern gelesen wurden – das wäre in der Tat unzumutbar –, sondern darin, dass alle wussten, dass Hitler einen ganz anderen Staat mit anderen Unternehmungen, als bisher bekannt, plante. In *diesem* Fall aber war es unumgänglich, sich darüber zu informieren, was er eigentlich wollte. Erst recht, wenn man eine Zuneigung dazu verspürte.

In „Mein Kampf" stand genug, um die Richtung kenntlich zu machen. Die Ausrottung des europäischen Judentums kam zwar nicht expressis verbis vor, aber es war genug eliminatorischer Antisemitismus darin, um über die Tendenz Bescheid zu wissen. Und der Krieg war unzweideutig angekündigt: als Eroberung russischen Bodens mit Versklavung bzw. (wenn es zu viele sind) Ausrottung der dortigen Bevölkerung. Hitler äußerte sich zuversichtlich, dass Russland jetzt durch den Bolschewismus so geschwächt sei, dass „das Riesenreich reif zum Untergange" wäre. Alle damaligen und heutigen Erklärungen, er habe nur präventiv den Krieg gegen die Sowjetunion begonnen, sind damit als Lüge entlarvt. Polen oder die Tschechoslowakei, die zwischen Deutschland und Russland liegen, wurden in „Mein Kampf" nicht weiter erwähnt, aber jeder konnte sich ausrechnen, dass der Krieg zuerst gegen diese beiden Länder gehen wird. Hitler zu wählen oder auch nur als harmlos anzusehen, ohne „Mein Kampf" ernst zu nehmen, hieß, in einer Frage, in der es um Wohl und Wehe von Millionen von Menschen ging, sich blind abenteuernd und pubertär unverantwortlich aufzuführen.

Noch ein weiteres möchte ich aus der Vorgeschichte erwähnen. Nach dem Putschversuch vom 9. November 1923 hätte Hitler als Ausländer für immer aus Deutschland ausgewiesen werden müssen. Die Münchner Justiz hat hier nicht getan, was zu tun sie verpflichtet gewesen war. Von Österreich aus konnte Hitler niemals seine größenwahnsinnigen Macht-, Eroberungs- und Vernichtungspläne ins Werk setzen. Dazu bot Österreich realpolitisch keine Grundlage. Er hatte sich nicht ohne Grund Deutschland erwählt. Und dort versäumte die Justiz ihre elementarste Pflicht. Es macht einen schwindelig, wenn man bedenkt, welches Unheil auf so einfache und legitime Weise zu verhindern war. So weit ich sehe, ist dies Kapitel noch gar nicht in das breitere Bewusstsein gedrungen.

Von Schuld zu sprechen, ist hier berechtigt und notwendig, und zwar von bestimmter Schuld bestimmter Menschen. Ich erwähne aus der Vorgeschichte und der Anfangszeit der NS-Diktatur zunächst noch die sich im Jahre 1932 immens steigernden Exzesse der Schlägertruppe der SA, die in der Öffentlichkeit durchaus wahrgenommen wurden. Sie fanden ihr Symbol in dem Namen des oberschlesischen Ortes Potemka, wo SA-Männer einen kommunistischen Bergmann in Anwesenheit seiner Mutter zu Tode getrampelt haben. Nach ihrer Verurteilung solidarisierte sich Hitler öffentlich mit ihnen und erreichte ihre nachträgliche Freisprechung. Und obwohl das allgemein bekannt war, wählten nicht nur viele Hitler (wenn es im Herbst 1932 auch nicht mehr so viele waren wie bei der Wahl davor), sondern es fielen sich auch weit mehr Menschen als seine Wähler begeistert und gerührt in die Arme, als er am 30. Januar 1933 Reichskanzler wurde. Als er an die Macht kam, wurde Potemka und was man sonst von Hitlers Rechtsauffassung wusste, brutal verdrängt, und seine Person wurde mit mythischen Hoffnungen umgeben, als wäre nicht bekannt gewesen, um wen es sich handelt. Das heißt, man *wollte* sich nicht in diesen Hoffnungen beirren lassen. Als zweites Datum nenne ich den 1. April 1933, den Boykott jüdischer Geschäfte. Meist wird die Erinnerung daran zurückgesetzt zugunsten der sog. Reichskristallnacht vom 9. November 1938. Ich halte das nicht für angemessen. Denn am 1. April 1933 wurde die Bevölkerung insgesamt zum Mitmachen in der beginnenden Judenverfolgung aufgefordert und damit zum Verlassen der allgemein gültigen Umgangsregeln. Und das zu einem Zeitpunkt, da die NS-Bonzen noch nicht fest im Sattel saßen. War der Schlitten erst über diesen Berg gezogen, gab es kein Halten mehr auf der abschüssigen Bahn. Dass der damalige Generalsuperintendent der Kurmark Otto Dibelius diese Aktion vor dem Ausland verteidigt hat, ist eine Schuld, über die man irgendwann ein Bekenntnis von ihm hätte erwarten sollen. Vergebens.

Ich habe gerade diese Beispiele angeführt, weil den Anfängen zu wehren faktisch das einzig Wirkungsvolle ist. Mit der Ansicht, das sei bei der NS-Herrschaft möglich gewesen, weil über ihren Charakter nie Unklarheit bestanden hat, stoße ich aber meist auf Unverständnis wenn nicht gar schroffen Widerwillen, auch bei Menschen, die grundsätzlich und im einzelnen an dem außerordentlich verbrecherischen Charakter der NS-Herrschaft keinen Zweifel haben. Da werden gern Entschuldigungen hervorgeholt (man hätte das damals nicht wissen können; politische Bücher habe man weitgehend nicht gelesen; es habe eben die Hoffnung bestanden, dass Hitler sich ändert usw.), die darauf hinauslaufen, die Ignoranz des allgemein gepflegten politischen Abenteurertums zu verharmlosen. Im Beruf würde kaum jemand die Dinge so ignorant behandeln und Optionen so abenteuernd fällen wie in der Politik. Aber auch Hoffnung kann Schuld sein.

Ein weiteres Fehlurteil sei dabei gleich mit zurückgewiesen. Ich meine die Behauptung, dass es durch photographische Darstellungen (von Leni Riefenstahl oder Hitlers Leibphotographen Hofmann) gelungen sei, Hitler den Deutschen als ernstzunehmenden Politiker, ja Propheten zu präsentieren. Das ist nicht wahr, denn es gibt keine Bilder, die die Leere seines Gesichts hätten füllen können; ganz abgesehen davon, dass seine rhetorische Hysterie durch kein Bild in den Rang ernsthaft überlegter und zu überlegender Gedanken gebracht werden konnte. Wer auf Hitler Hoffnung setzte, *wollte* dies tun, allem besseren Wissen zum Trotz. Und er wollte es, weil ihm von den von Hitler angekündigten Staatsverbrechen genügende als Staatstugenden gefielen.

III
A.

Etwas schwieriger wird es, Schuld zu benennen, wenn wir in den späteren Verlauf der NS-Herrschaft gehen. Aus der ersten Zeit kann man noch namhaft machen, wer der Stabilisierung dieser Herrschaft gedient hat. Es war der Vatikan, der durch das Konkordat (bereits am 20. Juli 1933) die internationale Isolierung durchbrach. Es waren im Innern Deutschlands die vielen Begeisterten, nicht zuletzt Intellektuelle, und deren chaotische Euphorie und Gläubigkeit, die sie zu Unterstützern der Nazis werden ließ. Dieser freiwilligen „Gleichschaltung" wurde von NS-Seite nachgeholfen mit ersten Gewaltmaßnamen, die sich aber vorwiegend gegen die politische Linke richteten, die Akademiker also kaum einzuschüchtern brauchten. In den ersten Monaten, nachdem die Nazis die Macht übertragen bekommen hatten, lässt sich noch relativ berechtigt von schuldhaftem Versagen sprechen, etwa wenn die Einrichtung von KZs gegen Linke die Hitlerbegeisterung nicht gedämpft hat. Dazu gehört, dass die Barmer Synode im Mai 1934 in räumlicher Nähe zu einem solchen KZ stattfand, ohne davon Notiz zu nehmen. Aber wie war es, als die Staatsmacht immer durchorganisierter und gewalttätiger wurde und auch noch „Erfolge" für die großmachtorientierte Mentalität der Mehrheit des Volkes liefern konnte?

Ich nenne nochmals den 9. November 1938. Das jetzige Gedenken an diesen Tag, das unbedingt nötig ist, gilt den Opfern. Aus diesem Tag etwas über die Mehrheit der Deutschen zu entnehmen, ist schon schwieriger. Anders als am 1. April 1933 geschah die „Reichskristallnacht" unter der bereits voll etablierten und international respektierten Gewalt-Herrschaft der NS-Verbrecher und ohne dass die Bevölkerung zum Mitmachen aufgefordert war. Der direkte Täterkreis war eng begrenzt: SA-Leute, teilweise verstärkt durch SS-Leute. Die Mehrheit des Volkes war nur Zuschauer, sogar, wie auch die NS-Vertreter feststellten, ziemlich skeptischer und reservierter Zuschauer. Sie bekam eher den Eindruck, in etwas hereingezogen zu werden, was sie so nicht gedacht hatte. Um es einmal schroff zu sagen: Dieses Tages zu gedenken ist für sie bis heute bequem. Es bestand damals zwar mehr Raum, als die Kirche genutzt hat, um eine moralische Verurteilung auszusprechen, aber kein politischer Gestaltungsraum mehr. Dagegen könnte eine Scham, die sich durch keine

Ausreden mildern lässt, angesichts des 1. April 1933 aufkommen.

Aber es ist noch etwas anderes zu nennen, nämlich die Bereicherung aus der Judenverfolgung. Nicht nachzuweisen ist, dass Finanz-Eliten oder breitere Bevölkerungsteile deshalb die Judenverfolgung gewünscht hätten, um sich an jüdischen Vermögen zu bereichern. Wohl aber waren dann viele schnell bereit, sich Vermögen von Juden, das von den Nazis enteignet wurde, einzuverleiben. Die Verbrechen der Nazis boten überraschende Möglichkeiten zur Bereicherung – und da fanden sich sofort Leute, nicht zuletzt große und angesehene Banken, die zugriffen. Hier stoßen wir auf eine klar zu benennende Schuld, die keine großartige politische Planung war, sondern ein ganz ordinäres Zugreifen, als sich die Gelegenheit zur Bereicherung ergab. Und dies wiederholte sich, als sich das Nazi-Reich über Europa ausdehnte und ein Gebiet nach dem anderen schluckte.

B.
Damit muss ich vom Krieg sprechen, der von der Nazi-Clique von Anfang an projektiert war und auch genau zu ihrer Mentalität einer politisch konzeptlosen Gewaltsamkeit und gewaltsamen Bereicherung gehörte. Es handelte sich um bloßes Abenteurertum, wenn auch in gigantischem Ausmaß. Was mir als 13-Jährigem klar war, dass eine deutsche militärische Eroberung der Gebiete vom Nordkap bis nach Nordafrika und vom Atlantik bis auf den Balkan und bis nach Polen und schließlich nach Russland hinein militärischer Unsinn war und auch kein politisches Konzept in sich bergen konnte, das sollte Älteren 1941 erst recht klar gewesen sein. Aber war das Prinzip nicht schon vorher deutlich? War es Schuld oder war es ehrenwertes Gutmeinen, in Hitler einen Politiker zu sehen, der politisch sinnvolle und lebensfähige Konzepte hatte, wie es die Regierungen Englands und Frankreichs jahrelang taten? Dies musste man sich doch – zumindest in Deutschland – mühsam selbst einreden.

Im Krieg galt das altbekannte Kriegsrecht: dass sich keiner bei Todesstrafe seiner von den Staatsorganen verfügten Mithilfe verweigern durfte. Von dieser Quelle vielen Übels profitierte die Zerstörungsmaschinerie der Nazis. Es ist ja auch kein Zufall, dass die endlich siegreichen Alliierten bei der Entnazifizierung die deutsche Armee nicht unter die verbrecherischen NS-Organisationen einreihte – obwohl erst und nur die Kriegführung der Wehrmacht die Shoah ermöglicht und direkt eingeleitet hat. Und sie war auch unabhängig davon voll von eindeutigen Verbrechen. Ohne eine gefügige und einsatzwillige Wehrmacht wäre die NS-Herrschaft eine regionale Angelegenheit geblieben.

Es war abhängig vom Lebensalter des Einzelnen, das er in den Kriegsjahren erreichte, ob er zur Beteiligung herangezogen und für sein weiteres Leben durch diese Beteiligung innerlich gezeichnet wurde oder nicht. Ich bin genau ein Jahr zu spät geboren und konnte dadurch unbehelligt bleiben – wenn ich auch nichts Nützliches gegen die NS-Herrschaft tun konnte. Was konnten wir tun? Als in den letzten Kriegsjahren die Luftangriffe auf deutsche Städte immer heftiger und zahlreicher wurden, meinte ein Musiker zu mir, wir sollten uns darüber nicht wundern, nachdem wir lange genug gesungen haben „Bomben auf Engelland". Er sagte „wir", obwohl – oder richtiger: weil – klar war, dass weder er noch ich je dieses Lied mitgesungen oder gar vor uns hingesungen haben. Aber was hieß die Ablehnung des Nazi-Krieges für uns? Es hieß, mit durchzumachen, was an unserem Ort jetzt durchzumachen war. „Verantwortung" im positiven und konstruktiven Sinne wahrzunehmen, fand ich damals keine Möglichkeit. Außer der, nicht Recht haben zu wollen gegenüber den Bombardierungen.

Wenn Deutschland ganz Europa mit einem grausamen Krieg überzogen hat, sollte sich ein Deutscher hüten, die Angegriffenen zu belehren, wie sie hätten schonender die höllische deutsche Armee niederwerfen sollen. Dies wäre meiner Einsicht nach auch für Dresden zu bedenken. Bei dem gegenwärtig häufigen Gedenken an die Bombardierung Dresdens fehlt mir, dass daneben etwa die Tagebücher von Viktor Klemperer gehalten werden, die *auch* Dresden zeigen und aus denen man ersehen kann, wie und von wem zunächst das menschliche Antlitz dieser Stadt zerstört wurde. Und – was besonders schwierig war und ist – ähnliches müssten die Menschen bedenken, die in russischer Kriegsgefangenschaft waren und sich danach am wenigsten in der Lage zeigten, ihr Schicksal in dem Zusammenhang zu sehen, in dem es sich zugetragen hat. Die Frage durfte eigentlich nicht verdrängt werden, wie und wozu die deutschen Soldaten überhaupt in das Gebiet und zu den bzw. gegen die Menschen der Sowjetunion gekommen sind. Denn dass sie dazu gezwungen waren, ändert ja nichts daran, dass sie als Angreifer und Zerstörer gekommen sind.

Aber es gibt offensichtlich Situationen, in denen es verständlicherweise schier unmöglich ist, sich der Frage nach der eigenen Schuld oder auch nur nach der Reihenfolge der Ereignisse zu stellen. Es ist unsäglich schwer, dann eine Sprache zu finden, die nicht noch zusätzliche Barrieren aufrichtet. Von einem der seltenen Momente, in denen das gelang, kann gar nicht dankbar genug erzählt werden. Hans Joachim Iwand berichtete 1950 auf der EKD-Synode, dass er vor zwei Jahren vor Ostpreußen zu sprechen hatte, die aus der Heimat herausgekommen waren. „Die Menschen hatten Unbeschreibliches erlebt, und ich wusste nicht, wie ich zu ihnen sprechen sollte. Ich habe ihnen etwas von dem berichtet, was ich während des Krieges im Ruhrgebiet gesehen habe. Ich habe ihnen etwas berichtet von dem Leben der russischen Kriegsgefangenen in den Gruben, die nur eine Mahlzeit bekamen am Nachmittag um 16 Uhr. Ich habe ihnen etwas berichtet von dem Leichenwagen, der jeden Morgen an unser Krematorium herangefahren kam mit etwa 25 bis 30 nackten Leichen von Russen. Ich habe ihnen etwas berichtet von den verschleppten Frauen, die bei Angriffen mit ihren Kindern nicht in die Bunker gehen durften, wo die deutschen Frauen waren, und die sich dann mit ihren Leibern über ihre Kinder in die Hauseingänge warfen. Ich habe ihnen berichtet von den Mädchenlagern der Verschleppten, der aus dem Osten Verschleppten, von den Lagern, von denen ich einige besucht habe, wo man den Eltern die Kinder weggenommen hatte (oft von den Menschen, die schon vom Bolschewismus verfolgt waren). Und als ich das erzählte, wandelten sich die Gesichter, und ich konnte zu meinen Brüdern sprechen; denn es war ganz klar: dasselbe hatten sie erlebt. Es war dieselbe Situation. Es war auf einmal der Schleier weggenommen, den wir uns durch unser nationales Denken noch vor die Augen halten. Das, was wir getan haben, an den Menschen aus Polen und Russland, weil wir glaubten, sie seien eine niedere Sorte von Menschen, das haben unsere Brüder im Osten oft in vielfacher Form dann auch wieder ertragen müssen. Gottes Gericht läuft heute sehr schnell. Wenn ein Engel vom Himmel sehen würde, was im Osten geschehen ist, er würde ja nicht Deutsche und Polen und Russen sehen, er würde solche sehen, die Unrecht tun und solche, die Unrecht leiden."[2]

Hier ist die Abfolge Schuld und Strafe, Schuld und Gericht ernst genommen. Abwiegelnd wurde dies von einigen Theologen als Geschichtstheologie diffamiert. Dabei ist deutlich, dass es Iwand nicht um eine Erklärung des Laufes der Geschichte ging, sondern darum, wie die Betroffenen ihr Geschick ansehen wollen: ob in Vorwürfen gegen die Sieger oder in Annahme der Folgen des eigenen Übermutes – oder Desinteresses; ob in anklagender Rechthaberei oder in klagender Selbstkritik, also auf dem Weg zur Umkehr. Das hieße aber, von der nationalen Perspektive als der leitenden Perspektive Abschied zu nehmen.

Vor einigen Jahren erzählte mir ein Bekannter, dass ihn immer stärker quäle, von Ostpreußen aus als Soldat in Russland gewesen und dabei – wenn auch eher indirekt – an der verbrecherischen jahrelangen Belagerung Leningrads beteiligt gewesen zu sein. Das wurde für ihn im Laufe der Zeit eine immer größere Bürde. Und keiner konnte sie ihm abnehmen. Es ist verständlich, dass die meisten das verdrängten oder nach Kompensation suchten. Solcher Beteiligung an kollektiven Grausamkeiten irgendwie öffentlichen und gemeinsamen Ausdruck zu verleihen, ist in keiner Weise und in keiner Gesellschaft entwickelt worden.

Ein erster Schritt wäre, die bösen Folgen *anzunehmen*, um gerade und nur *von da aus* neue Gemeinschaft unter den zerrissenen Menschen zu suchen. Das bedarf der Erläuterung.

IV

Ich nenne als erstes die deutsche Unwilligkeit, die bösen Folgen bei und nach dem Zusammenbruch 1945 anzunehmen. Die Kirchen in Deutschland haben diese Unwilligkeit geteilt, wie man an der Stuttgarter Sitzung des Rates der EKD zusammen mit Vertretern der Ökumene im Oktober 1945 studieren kann. Schon in der Begrüßungsrede hielt Bischof Wurm es für gut, anzuklagen: „Wir werden ebenso behandelt, wie unsere Leute die Juden, Polen etc. behandelt haben. So beginnt das Volk zu reden, und das erschwert unsere kirchliche Arbeit sehr."[3] Was für eine Konzeption von kirchlicher Arbeit auch dahinter stand – mir geht es jetzt um die Erwähnung von „Juden, Polen etc.". Sie geschah nicht, um uns selber anzuklagen, sondern nur um zu mahnen, dass *wir* nicht ebenso behandelt werden dürften. Doch dass die Deutschen – so schrecklich es war, was sie vor allem im Osten zu erleiden hatten – jetzt *nicht ebenso* behandelt wurden, wusste auch Wurm. Und selbst wenn es „ebenso" gewesen wäre – warum eigentlich sollten die Deutschen jetzt *nicht* ebenso behandelt werden? Da sie Krieg und Vernichtung mutwillig über Millionen von Menschen gebracht hatten, eher noch schlimmer – sofern das vorstellbar wäre? Und als dann das Schuldbekenntnis kam, kann es eine bessere Behandlung einklagen als die Opfer behandelt wurden? Kann es selber „einen neuen Anfang", „Vergebung" und Absage an „Vergeltung" statuieren oder auch nur fordern? Dass dies die dominierende Tendenz bei jener Zusammenkunft und auch im Stuttgarter Schuldbekenntnis war, geht aus den Dokumenten deutlich hervor.

In diesem Zusammenhang ist auch die Frage zu stellen: Konnte, ja musste nicht auch die Art der russischen Besatzungszone und dann des DDR-Staates als Folge der deutschen Kriegsverbrechen angesehen und als solche hingenommen werden? Konnte beispielsweise die evangelische Kirche nun einfach Religionsfreiheit erwarten – wo sie doch bei Beginn des Russlandkrieges durch ihren „Geistlichen Vertrauensrat" Hitler dafür *gedankt* hatte, dass er zum „entscheidenden Waffengang" gegen „die bolschewistische Gefahr" aufgerufen habe, um „eine neue Ordnung" in „ganz Europa" zu errichten. Jetzt war die neue Ordnung da – allerdings recht anders, als von Marahrens und seinen geistlichen Mit-Verstrauensleuten erhofft. Sich da geistig zurecht zu finden, war für die Kirche gewiss schwierig – aber darf man vom geschundenen Gegner verlangen, dass er bei dieser Institution plötzlich Umkehr anbrechen sieht? Und Umkehr in welche Richtung?

Da die Nachkriegszeit sofort im Zeichen des Kalten Krieges stand, gab es wieder nur die Teilung in Freund und Feind und keine Gelegenheit, Schuldbewusstsein und Schuldbekenntnis gegenüber den bisherigen Feinden sich auswirken zu lassen. Die politische Justiz in beiden deutschen Staaten blieb in gewisser Weise Kriegsjustiz. Ganz offensichtlich war das in der DDR (als dem machtmäßig, wirtschaftlich und geistig wackeligerem Teilstaat); aber man muss nur Diether Possers Erinnerungen lesen („Anwalt im Kalten Krieg"), um zu wissen, dass auch die in sich stabilere Bundesrepublik Deutschland von solchen Zügen nicht frei war. Nachdem sich die Mehrheit der Bevölkerung *beider* deutscher Teilstaaten dafür entschieden hatte, im Kalten Krieg Partei des *Westens* zu sein, war damit historisch wirksam über vieles entschieden (nicht zuletzt an DDR-Zuständen), was dann nicht mehr so einfach, wie man nachträglich tut, individuellen Entscheidungen und persönlichem Verhalten zugeschrieben werden kann.

Doch mehr als diese andeutenden Hinweise zum Nachdenken kann ich an dieser Stelle nicht geben. Wichtiger sind mir noch einige Gedanken zur Situation der später Geborenen, die aus historischen Gründen nicht unmittelbar oder mittelbar an der NS-Herrschaft partizipierten und ihr nicht zur Verfügung stehen konnten. Sie sind aber *rein faktisch* der Geschichte des Landes oder Staates, worin sie leben, verbunden und können deshalb von dieser Geschichte nicht absehen, haben vielmehr an ihren Folgen mit zu tragen und in ihrer Praxis die historischen Zusammenhänge zu berücksichtigen.

Dabei erheben sich mehrere *Verführungen*. Zunächst die, dass die Scheußlichkeiten der Nazi-Verbrechen derart exzessiv und unfassbar waren, dass es leicht ist, sich davon zu distanzieren und zu versichern, dergleichen nie wieder aufkommen lassen oder unterstützen zu wollen. Wo man ansetzen soll, um die Umkehr real werden zu lassen, braucht scheinbar gar nicht gefragt zu werden, weil etwas derart Fürchterliches die Distanzierung von alleine nach sich zieht. (Es ist kein Zufall, dass gegenwärtige Neonazis die Verbrechen des Hitler-Regimes nicht einfach für gut erklären, wie einst Hitler den Mord von Potemka, sondern eher leugnen.)

Und wenn die Distanzierung etwas Selbstverständliches ist, kann man mit diesen Verbrechen frei hantieren, um sie bei *anderen* zu entdecken und *anderen* vorzuwerfen, wieder ohne genauere Beschreibung oder Erklärung. Man selber ist in jedem Fall fein heraus, weil man ja die Nazi-Verbrechen deutlich und sogar aufrichtig verabscheut. Umkehr kann auf diese Weise leicht zur Umkehrung des Spießes werden, er richtet sich dann nicht – zumindest als Frage – gegen einen selber, sondern gegen andere, und so wird nur die Selbstgefälligkeit und erneute Verblendung gefördert.

Um dieser Verführung entgegen zu treten, müsste gefragt werden, wieso diese Verbrechen in der Bevölkerung Zustimmung gefunden haben oder zumindest schweigend hingenommen wurden. Dass der Nazi-Verbrecher schuldig ist, stellt kein Problem dar. Aber die entscheidende Frage und die selbstkritische Aufarbeitung beginnt erst dort, wo die zustimmenden oder gleichgültigen

Regungen der Mehrheit der deutschen Bevölkerung näher betrachtet werden – der Mehrheit, die die NS-Verbrechen weder ersonnen hat noch sich deren Ausmaß rechtzeitig vorstellen wollte, ohne die aber die NS-Herrschaft nicht möglich gewesen ist. Hier liegt das Feld, auf dem Umkehr erwachsen kann, die man durch Verurteilung der Nazi-Verbrechen an sich noch nicht erreicht oder auch nur in den Blick genommen hat.

Eine *weitere* Verführung erhebt sich dann, wenn keine einen selbst treffende Katastrophe einen dafür bestraft, dass man in einer der Nazi-Herrschaft förderlich gewesenen Mentalität und Reaktionsweise verharrt. Dadurch, dass die NS-Diktatur nicht nur für andere, sondern auch für Deutsche und Deutschland eine Katastrophe heraufbeschworen hat, war ein Weitermachen in dieser Exzessivität unmöglich geworden. Aber wenn das, was der Nazi-Herrschaft zugearbeitet hat, in der Bevölkerung noch oder wieder lebendig sein sollte, *ohne* gleich zur *eigenen* Katastrophe zu führen – ob auch dann Einsicht darüber wächst, dass hier Umkehr nötig, dass das Reden von Vergebung und Versöhnung voreilig ist?

Eine *dritte* Verführung kommt daher, dass Geschehnisse von solcher Entsetzlichkeit wie der NS-Zeit, nur aus einem gewissen Abstand erkannt werden können. „Blitz und Donner brauchen Zeit, das Licht der Gestirne braucht Zeit, Taten brauchen Zeit, auch nachdem sie getan sind, um gesehen und gehört zu werden."[4] Daran wird es liegen, dass viele Tatsachen und Beurteilungen lange haben warten müssen, bis sie ausgesprochen werden konnten und bis ihrer gedacht wurde.

Dadurch ist aber viel Zeit verstrichen, *zu* viel Zeit, so dass die Erinnerung gleichzeitig mit ihrem Drängend-Werden *ungenau* wird, so dass die direkt darin Verwickelten nicht mehr leben oder nicht mehr geistig präsent sind und dass nachgewachsene Generationen vor etwas ihnen nicht mehr Nachvollziehbarem stehen und deshalb selbstgerecht damit umgehen – oder spielerisch, oder gelangweilt. Oder dass sie des Gedenkens an vergangene Scheußlichkeiten müde werden und sich nicht dauernd davon behelligen lassen wollen. Der Unverbindlichkeit des Gedenkens zu wehren, sind Denkmäler wenig geeignet. Verbindlich wird es, wenn und solange ein Tun gefordert ist – etwa „Entschädigungen", die etwas kosten.

Ich sehe an mir selbst, wie wenig aufmerksam wir gewesen sind, dass die Entschädigung für Zwangsarbeiter erst so spät auf die Tagesordnung kam, da die meisten von ihnen gar nicht mehr leben. Und wenn dann noch die Industriefirmen, die einst von ihnen finanziell profitiert haben, Schwierigkeiten machen und dabei vom Bundeskanzler unterstützt werden, fragt man sich, wie ernsthaft eigentlich das Gedenken an die Untaten unter der NS-Herrschaft gemeint ist.

V
A.

Als Beispiel für die Verführung zu verfehltem Gedenken möchte ich jetzt den Jugoslawienkrieg nennen. Da scheuten die Politiker nicht die rhetorische Gleichsetzung des neuen (alten) Feindes mit dem Nazismus, und taten ungeniert so, als wiederhole sich jetzt Auschwitz und als würden *sie* das verhindern. Wie viel dabei gelogen und von den Medien kritiklos verbreitet wurde, ist inzwischen bekannt, hätte aber gleich niemandem ganz verborgen zu bleiben brauchen. Jetzt also diente der Nationalsozialismus zur Rechtfertigung deutschen Kriegführens. Jetzt endlich war Hitler ein Serbe und jetzt endlich durfte Deutschland Jugoslawien ungestraft zerreißen. Jetzt war es unserer Verfügung anheim gestellt, am Rockschoß der stärksten Militärmacht Kriegsverbrechen entweder herunterzuspielen oder hervorzukehren oder zuzuschreiben – ganz wie es der vorgefassten Einteilung in Freund und Feind nützlich erschien. Und wie diese Rhetorik auf uns nieder ging und Wirkung zeigte, lehrte mich, dass es immer noch und immer wieder möglich ist, Hemmungen von Verstand und Gewissen niederzubrüllen.

Und zu Hemmungen bestand aller Grund. Schließlich wurde dieser Krieg von der Nato vom Zaun gebrochen *gegen* unsere Verfassung, *gegen* das Völkerrecht, *gegen* den Nato-Vertrag, *gegen* die OSZE-Akte und *gegen* den Zwei-plus-vier-Vertrag, den Deutschland zur Wiedervereinigung abgeschlossen hatte. Jetzt waren wir wieder so weit, dass Verträge nicht das Papier wert sind, auf dem sie geschrieben stehen. Und das wurde zur neuen Weltordnung erklärt. Diese Verachtung des Rechts erinnert mich an die Reaktion der Mehrheit der deutschen Bevölkerung bei Einrichtung der KZs 1933 (ich vergleiche nicht die Politiker, sondern – weil viel wichtiger – die Mehrheitsreaktion): Man meinte es damals wie heute gut, damals für das eigene Volk, heute für ausgewählte andere; und wenn man es so gut meint, dann muss man halt zu Schwerem bereit sein: Hart zuzuschlagen und Recht und Gesetz mit Füßen zu treten.

Hier wie da triumphierte jene Mischung aus Sentimentalität und Brutalität, die als kollektive Stimmung so leicht zu erzeugen ist und unter deren Wogen man unkritisch wird gegenüber politischer Propaganda. „Wir können doch nicht tatenlos zusehen" – so hieß es von denen, die nichts anderes taten als zuzusehen, und die dabei die Bilder, die sie vorgesetzt bekamen, nicht mehr nach Folge und Ursache oder sonst wie sortieren konnten. Das „wir" war verräterisch: Plötzlich, weil das Militär bombte, war wieder ein „wir" da, eine unterstellte Gemeinsamkeit – eine Gemeinschaft der Stärke und der Entschlossenheit im Gutmeinen. Ein Geschlecht, das von seinem eigenen Gutmeinen überzeugt ist, ist zu allem fähig. Ihm fehlt ein Bewusstsein für die eigene Verführbarkeit und für die Notwendigkeit, durch formales Recht gültige Grenzen gesetzt zu bekommen. Und ihm fehlt das Bewusstsein dafür, zu kritischem Nachfragen und Sich-Informieren verpflichtet zu sein. Aber sicher: Wenn die Gegner als Nazis gelten, fühlt man sich besinnungslos auf der richtigen Seite, zumal man jetzt endlich militärisch auf der stärkeren Seite stand.

Wie von selber lief die Änderung der Nato-Doktrin, die nun offen auf Kriegführen unabhängig vom Verteidigungsfall und unabhängig von geographischen Begrenzungen umgestellt wurde. Es wird sogar ein Haupt-Kriegsgrund gewesen sein, dafür einen Präzedenzfall zu schaffen (neben anderen Gründen, wie: den letzten nichtkapitalistischen Staat in Europa umzukrempeln; die geographische Lücke der Nato auf dem Balkan zu schließen; den Balkan in kleine Teile zu zerlegen). Und an die unselige deutsche Vergangenheit erinnert mich, dass diese revolutionäre Veränderung der Nato-Aufgaben ohne öffentliche Diskussion oder Parlamentsdebatte geschah. Und dass dafür das Bundesverfassungsgericht noch nachträglich die Ermächtigung erteilte. Und dass bis heute darüber keine öffentliche Debatte stattfindet.

Steht es so, dann muss man sich fragen, ob es überhaupt sinnvoll ist, Themen wie Schuldeinsicht und Umkehr im politischen Bereich zu verhandeln. Neue Generationen bringen die alten Reaktionen. Und die sind heute via TV noch leichter an und aus zu knipsen als früher, zumal sie nach wie vor einem überindividuellen Willen zur „Gläubigkeit" entspringen. In der Geschichtsschreibung wird zwar – wenn es um ferne Geschichte geht – als leitendes Motiv der Agierenden der Wille zur Steigerung oder wenigstens zum Erhalt von Macht in vielen Variationen benannt. Aber je näher es an die Gegenwart geht und an die Geschichte, die man als die eigene ansieht, um so edler werden die Motive und Ziele der Politiker und um so mehr meint man, sie im Recht sehen und sich selbst mit ihnen identifizieren zu sollen. Schadlos halten kann man sich dafür an den Nationalsozialisten, von denen sich selber abzusetzen und andere mit ihnen gleichzusetzen den Eindruck zementiert, dabei im Recht zu sein.

Gerade diese Einbildung schafft Kontinuität zur nationalen Vergangenheit, wenn auch nur unterschwellig. Etwa sind die Serben „unsere" Feinde aus Tradition, die Kroaten Freunde, besonders sind dies aber die muslimischen Gruppen auf dem Balkan – und überhaupt islamische Staaten. Das lässt sich zurück verfolgen – in die Hitler-Zeit hinein und über sie weiter zurück. Dementsprechend treten bei Kriegen gegen Staaten mit muslimischer Bevölkerung Hemmungen in Deutschland auf, die fehlen, wenn es gegen Serben geht. Und auch religiöse Verständnis- und Verständigungsbemühungen wie zum Islam gab und gibt es nicht gegenüber der serbischen Orthodoxie. Was jetzt so freundlich erscheint, beruht schon auf einer Selektion nach ganz traditioneller Freund-Feind-Zuweisung.

B.

Doch wenn wir von gegenwärtigen Kriegen sprechen, können wir Deutschland nicht isoliert sehen. Und auch rückblickend wäre das nicht sinnvoll. Sonst würden wir eine Sonderart der Deutschen annehmen, als könnte, was bei denen als „normal" gilt, nicht auch anderwärts normal sein. Dann erklärt man *ein* Volk zu brutalen Sonderlingen, die nichts mit der Art anderer Menschen gemeinsam haben. Oder man sieht allein Hitler als den Sonderling an, vielleicht aus der Hölle entsprungen, mit dessen Tod eine dämonische Episode dann auch wieder beendet sei. Statt der Dämonisierung sollte man unbedingt einen Zusammenhang mit anderem *Historischen* aufsuchen, wenn man etwas verstehen und dann auch besser machen will, wenn es nicht nur um Schicksal, sondern um Schuld und Umkehr gehen soll.

Ich möchte nur ein Stichwort nennen, der mir den übergreifenden geschichtlichen Zusammenhang darzustellen scheint (wenn auch nicht das einzige Erklärungsraster), nämlich den neuzeitlichen Kolonialismus. Die faschistischen Führer Italiens und Deutschlands haben immer nach den Kolonialmächten geschielt und versucht, sie einzuholen oder gar zu überholen. Der Neid auf das, was bei anderen als Größe erschien, gehört *essentiell* zum Faschismus und zu der Zustimmung, die er gefunden hat. Hitlers „Lösung" war, dass Deutschland von den überseeischen Kolonialgebieten, um die sich die europäischen Völker stritten, Abschied nimmt, um stattdessen russisches Gebiet zu okkupieren, das geographisch näher liegt und seiner Meinung nach ohne große Schwierigkeiten erobert werden könne. Und der rassistische Gedanke von minderwertigen und höherwertigen Völkern und Rassen hat auch seinen Ort im Kolonialismus. Denn woran soll man unterscheiden, wer berechtigt sei, sich an anderer Menschen Land, Bodenschätzen, Arbeitskraft zu bereichern, und wer das zu erdulden habe, wenn nicht an der Rasse? Durch die nationalsozialistischen Verbrechen ist mehr diskreditiert als nur der „deutsche

Sonderweg" in der neuzeitlichen Geschichte Europas, bzw. dieser „Sonderweg" war zu einem nicht unbeträchtlichen Teil ein Hinterherlaufen hinter dem Kolonialismus der „gesitteten" Nationen.

Wird das von deutscher Seite aus gesagt, klingt es schnell so, als sollte von der speziellen deutschen Geschichte abgelenkt werden. Ich meine das weder zu tun noch tun zu wollen. Eher muss daran erinnert werden, dass Deutschland auch noch eine böse Kolonialgeschichte in Afrika hat. Wohl aber meine ich, daß die deutsche Geschichte Teil der abendländischen Geschichte ist und dass wir danach fragen müssen, wie deren Gewaltsamkeit unterbrochen werden kann.

VI

Um noch einmal auf Goethe zurückzukommen: Ganz anders, aber vermutlich realistischer als das anfangs Zitierte klingt seine Feststellung: „Der Handelnde ist immer gewissenlos, es hat niemand Gewissen als der Betrachtende."[5] Von Schuld zu reden hat nur Sinn, wo ein Empfinden für Schuld, für ihr Bedrückendes und für die Notwendigkeit von Sühne und Umkehr angenommen werden kann – eben das, was man „Gewissen" nennt. Wenn dies nur der Betrachtende hat, könnte zwar die *Kirche* diesen Gesichtspunkt einbringen (falls sie wollte), in der *Politik* und erst recht im *Krieg* aber kann er von allen nur abgewehrt werden. Da besteht nur das Bedürfnis, sich im Recht zu fühlen, um nicht durch „Betrachtung" im Handeln verunsichert zu werden. Die Reden von Außenminister Fischer im Jugoslawienkrieg führten ihn deshalb auf die höchste Stufe der Beliebtheitsskala, weil er die Gewissensskrupel aus dem politischen Handeln weggebrüllt hat, um sie durch Rechthaben zu ersetzen. Und das Rechthaben wurde dadurch unangreifbar gemacht, dass das deutsche Nazi-Verhalten auf die zu Bekriegenden projiziert wurde.

Für die Kirche stellt sich die Frage, ob sie es fertig bringt, Schuld und Umkehr im öffentlichen Leben zu thematisieren. Das zieht unweigerlich eine Isolierung nach sich, die Isolierung des „Betrachtenden" – und dann stehen wir vor dem kirchlichen Dauer-Problem, ob die Bereitschaft besteht, solche Isolierung auszuhalten. Wenn man fragt, wie es zur Hinneigung der Kirche zur NS-Bewegung und zum NS-Regime hat kommen können, so gehört mit zur Antwort deren Angst, sonst in die Isolierung zu kommen. Sie hoffte, durch Zustimmung einen Anschluss an das pulsierende Leben und eine Prestige- und Machtsteigerung für sich selber zu gewinnen. Das heißt, sie hat für sich selbst, für ihre Existenz und ihr Verhalten zu wenig eine eigene, eine geistliche Orientierung und Quelle der Hilfe angesetzt.

Wie könnte die Kirche diese Schwäche überwinden? Aber will sie das überhaupt? Die EKD hat sich nach der Niederlage des NS-Regimes erst an die CDU angeschlossen, inzwischen an die SPD. Eines ist so lähmend wie das andere. Bliebe die Kirche geistig unabhängig, könnte sie – etwa durch eigene Nachforschung und Begleitung – erkunden, wo friedliche Wege offen oder zu öffnen sind, wenn die Politiker entschlossen sind zu bomben und behaupten, dass es keine Alternative zum Krieg gäbe. Lässt man sich das Urteil darüber von den Politikern vorsagen, so ist man scheinbar dabei, wo gehandelt wird. Das erhebt wohl das Gemüt, faktisch aber macht man sich zum unselbständig Abhängigen von der dominierenden politischen Propaganda und ist weder Handelnder noch Betrachtender.

Man missachtet dabei auch die Demokratie. Die sollte gerade ermöglichen, dass die Betrachtenden sich melden, um die Handelnden zu bremsen und sie zur Berücksichtigung von Warnungen des Gewissens zu veranlassen. Die Resignation, dass es in der Geschichte nicht zu vermeiden sei, dass ein human orientiertes Gewissen untergepflügt wird, kann zumindest der Kirche nicht erlaubt sein. Deshalb hat sie auch den Stachel des Gedenkens an die Untaten der Vorfahren wie der Zeitgenossen der eigenen Nation anzusetzen. Und sie wird es nicht selbstgerecht tun, sondern im Bewusstsein der eigenen Verflochtenheit in Schuld und Schwäche der Vorfahren und Zeitgenossen – und gerade deshalb wachsam.

Schließlich möchte ich noch davor warnen, zu sehr auf positive und einvernehmliche Lösungen aus zu sein. Dabei macht man sich leicht etwas vor und verklärt die harte Realität mit christlichen Vokabeln. Stichwort: „Versöhnung". Im politischen Kontext dient dieses Wort dem Bestreben, Menschen (etwa einer Nation oder einer Region) aneinander zu binden – im Interesse einer solchen größeren Einheit –, obwohl das Ungleichgewicht sowohl von Schuld und Leiden als auch von Wohlergehen und Leiden nicht aufgehoben ist und von der besser gestellten Seite auch gar nicht als aufzuhebendes angesehen wird. Aber auch von „Vergebung" möchte ich im politischen Kontext nicht reden. Vergeben kann nur, wer für seine Person einem anderen vergeben will. Aber dies können nicht später Geborene für ihre hingeschlachteten Ahnen tun – wem gegenüber denn auch? Und um „Entschuldigung" zu bitten, wie es der Papst andauernd tut, setzt nur die Gebetenen unter Druck, einen Schlussstrich zu ziehen, wo sie vielleicht noch gar keinen gezogen sehen können.

Bonhoeffer hat in seiner Ethik stattdessen das Wort „Vernarbung" vorgeschlagen.[6] Es ist merkwürdig, dass das nicht stärker beachtet wird. Ist es zu nüchtern? Ich halte es gerade deshalb für brauchbar. Vor allem ist zu bedenken, dass Bonhoeffer eine Vernarbung erst dann eingetreten sieht, wenn die Wunde zugewachsen ist und nicht mehr blutet. Das heißt, es müssten von der Täter-Seite die Forderungen der Gerechtigkeit ernst genommen sein, ehe man davon sprechen darf. Insofern steht hinter diesem Wort durchaus ein Anspruch. Aber es fehlt ihm die Aura des Christlichen, des Liebevollen und des Hohen. Ob man damit nicht nüchtern und realistisch sein kann, ohne die Hände in den Schoß zu legen?

---

[1] R. Wittram, Das Nationale als europäisches Problem, 1954, 35f.

[2] H. J. Iwand, Frieden mit dem Osten, hg. v. G. C. den Hertog, 1988, II. Dass Iwand dem damaligen Sprachgebrauch zufolge Frauen mit unter den „Brüdern" einschließt, heißt nicht, dass er das besondere Leiden der Frauen übersehen hätte. Anfechtbarer ist die Wendung „oft in vielfacher Form wieder ertragen", weil sie sich noch Illusionen über die deutsche Kriegführung im Osten macht.

[3] M. Greschat (Hg.), Die Schuld der Kirche. Dokumente und Reaktionen zur Stuttgarter Schulderklärung vom 18./19. Oktober 1945, 1982, 95.

[4] F. Nietzsche, Die fröhliche Wissenschaft 125, KSA 3, 481.

[5] Aus den Maximen und Reflexionen, Jubiläumsausgabe Bd. 4, 212.

[6] D. Bonhoeffer, Ethik, zusammengestellt und hg. V. E. Bethge, 1949, 52ff.

Theologische Reflektionen

Enkelperspektive
*Erfahrungen im Umgang mit der NS-Zeit
von Gunther Schendel*

Kurze Zeit, nachdem ich in einem kleinen Heidedorf meine erste Pfarrstelle angetreten hatte, bekam ich Besuch vom Bürgermeister. Ein Denkmal sollte errichtet werden, zur Erinnerung an die Opfer des ehemaligen Kriegsgefangenenlagers. In der Dorfchronik hatte ich es schon gelesen: 16.000 sowjetische Soldaten waren 1941/42 ums Leben gekommen, in einem Lager ganz in der Nähe des Ortes. Die allermeisten von ihnen waren bei einer Flecktyphusepidemie gestorben, die sich aufgrund der katastrophalen Bedingungen im Lager fast zwangsläufig eingestellt hatte. Häuser oder Baracken hatte die Wehrmacht dort nämlich zunächst nicht vorgesehen.

Jetzt also ein Denkmal, mitten im Ort. Ich begrüßte diesen Plan, denn bislang erinnerte nur ein sowjetisches Ehrenmal an die Toten, und das lag weitab, beim Truppenübungsplatz. Ein langes Gesicht zog ich allerdings, als der Bürgermeister mir die geplante Inschrift des Steines vorlegte. Neben einer historischen Information sollte sie auch zwei Bibelverse umfassen, und über einen davon kam ich ins Grübeln. Es waren die lapidaren Worte aus dem Vaterunser: „Vergib uns unsere Schuld!" Ich weiß noch, wie sich in mir alles gegen diese Worte sträubte. Es ist doch nicht meine Schuld, dachte ich, warum soll ich dann um Vergebung bitten? Schuld ist doch immer persönlich, nicht kollektiv. Und selbst wenn es so etwas wie Kollektivschuld gibt: hier geht es doch um die Verbrechen meiner Großvätergeneration! Diese Abwehrgefühle waren mir peinlich und unheimlich zugleich, denn natürlich gehörten die Verbrechen der NS-Zeit für mich zur Geschichte Deutschlands untrennbar dazu. Trotzdem waren diese Gefühle da, und ein wenig davon versuchte ich dem Bürgermeister zu vermitteln. Doch ich spürte sofort: Wir kommen in dieser Sache nicht auf einen Nenner. Und nachher begriff ich, dass das nicht nur Zufall war. Denn wir kamen, was die NS-Zeit angeht, aus ganz verschiedenen Generationen: der Bürgermeister aus der Generation der Söhne (geb. 1937), und ich aus der Enkelgeneration (geb. 1964).

In diesem Beitrag will ich skizzieren, wie ich als Vertreter der Enkelgeneration mit der NS-Zeit umgehe. Dabei werde ich vor allem von den Erfahrungen berichten, die ich in dem kleinen Heidedorf bei der Auseinandersetzung mit der NS-Zeit gemacht habe. Denn das geschilderte Erlebnis stand für mich, so merkwürdig das klingen mag, am Anfang einer sehr intensiven Beschäftigung mit der Geschichte des Ortes während des Nationalsozialismus.

Aber um noch einmal auf die Generationen zurückzukommen: Meine gefühlsmäßige Abwehr gegen die genannte Vaterunserbitte hat mir blitzartig deutlich gemacht, dass für meine Generation ein unmittelbares Verhältnis zur Schuld der Großvätergeneration nicht mehr zwingend gegeben ist. Das hängt nicht nur mit dem zeitlichen Abstand zusammen, sondern auch damit, dass wir als Deutsche der Enkelgeneration nicht mehr mit der NS-Zeit identifiziert werden, z. B. im Ausland. Der Erfahrungshintergrund der Vätergeneration ist ein anderer: Sie haben als Kinder die NS-Zeit noch erlebt, mit ihrer Sprache, mit ihren Organisationen und mit ihrem Anpassungsdruck, z. B. in HJ und BDM. Sie haben auch erlebt, wie die Generation der Täter und Mitläufer mit dieser Geschichte umgegangen ist. Und sie haben die Folgen der NS-Zeit erlebt: den Verlust von Elternteilen, die inneren und äußeren

Zerstörungen, die Teilung Deutschlands, und dass man sie im Ausland gelegentlich mit den Taten der Väter konfrontierte.

Diesen Erfahrungshorizont der Kinder fasst ein Wort aus den biblischen Klageliedern treffend zusammen: „Unsere Väter haben gesündigt und leben nicht mehr, wir aber müssen ihre Schuld(folgen) tragen" (Klgl. 5,7). Aber wie sieht es mit der Enkelgeneration aus? Meine sieben Jahre im erwähnten Heideort haben mir deutlich gemacht, dass ich mich auch und gerade als Vertreter der Enkelgeneration von der Beschäftigung mit der NS-Zeit nicht verabschieden kann. Verschiedene Erfahrungen kamen zusammen: Das erste war der eklatante Kontrast zwischen der gegenwärtigen Idylle des Orts und seiner Geschichte: Wo heute die Touristen einkaufen, mussten damals die halbverhungerten sowjetischen Soldaten von den Viehwaggons zum Lager marschieren, und wo heute Fahrradwege zur Radtour einladen, versuchten sie damals in Erdhöhlen den Winter zu überstehen. Natürlich können und müssen wir uns in der Gegenwart einrichten, aber die Vergangenheit (und gerade eine solche Vergangenheit!) gehört zur Gegenwart dazu, sie ist wie eine Tiefenschicht, auf der ich stehe, ob ich es weiß oder nicht. Je mehr ich über die Geschichte las und in Gesprächen erfuhr, desto weniger konnte ich mich mit der Gegenwart des Ortes zufrieden geben, desto mehr musste ich seine Vergangenheit mitdenken und nach den Spuren der Vergangenheit suchen. Darum habe ich schließlich auch den Anstoß gegeben, direkt am Gelände des ehemaligen Lagers eine Informationstafel zu errichten, als in der Nähe ein Wohngebiet entstand.

Die zweite, wesentliche Erfahrung war das Gespräch mit vielen Menschen aus der Erlebnisgeneration. Oft war es bei Geburtstagsbesuchen, dass die Rede auch auf die NS-Zeit kam. Und dann bekam ich eine ganze Palette von Eindrücken zu hören: Neben der Erschütterung über den Anblick der Kriegsgefangenen stand die verklärte Erinnerung an HJ oder BdM: „Wir hatten eine schöne Jugend." Neben der Bewunderung für den Schulleiter (der ein Nazi war) stand die Achtung vor seinem Kontrahenten, dem Ortspastor. Neben dem Bericht, dass die Nachbarn den Kriegsgefangenen Brot zusteckten, stand die Äußerung: „Man konnte ja doch nichts machen." Und neben schweren Kriegserinnerungen stand auch die naive Freude über Geschenke, die der Vater aus dem besetzten Frankreich nach Hause schickte. Es war ein vielschichtiges Bild mit ganz verschiedenen Gefühlswerten, oft bei ein und derselben Person.

In diesen Gesprächen habe ich mehrere Beobachtungen gemacht:

Für viele meiner Gesprächspartner war es wichtig, über ihr Erleben der NS-Zeit berichten zu können. Und je weniger ich sie zensierte, desto offener und vielschichtiger äußerten sie sich über diesen Teil ihres Lebens. Vielleicht ist es die Chance der Enkelgeneration, mit der Erlebnisgeneration noch einmal neu über die NS-Zeit ins Gespräch zu kommen. Die Kinder, so war mein Eindruck, wollten oder konnten die „alten" Geschichten ihrer Eltern oft genug nicht mehr hören, weil sie entweder „unbequem" oder „politisch nicht korrekt" waren. Das Gespräch mit einem Vertreter der Enkelgeneration, der dazu noch Außenstehender war, schien manchen die Möglichkeit zu bieten, aus den Kommunikationsritualen auszubrechen.

Das Interesse meiner Gesprächspartner am Gespräch über die NS-Zeit habe ich oft als Versuch der Lebensbilanz empfunden: Sie möchten ihr Erleben dieser Zeit in ihre Lebensgeschichte einordnen und brauchen dazu das Gespräch, um für ihre Erfahrungen eine Sprache zu finden.

Problematisch schien mir, dass bei vielen die Opferperspektive dominierte: Der Gleichschaltungsdruck und die Erfahrung von Krieg und Vertreibung boten vielen meiner Gesprächspartner den Anlass, sich u. a. als Opfer der damaligen Zustände zu sehen. Z. T. versuchten sie sich auch zu entschuldigen, obwohl ich keinen Vorwurf erhoben hatte: „Wir mussten ja mitmachen! Wer nicht mitmachte, wurde an die Wand gestellt!"

Dem entspricht, dass die Täter- und Mitläuferseite des eigenen Verhaltens von vielen meiner Gesprächspartner nicht zum Ausdruck gebracht wurde. Allerdings habe ich auch Ausnahmen erlebt. So hat mir ein ehemaliger Wehrmachtssoldat minutiös berichtet, wie er zur Hinrichtung eines Kameraden abgeordnet wurde und bei der Exekution mitwirkte. Sein qualvoll genauer Bericht zeigte, dass er mit diesem Befehl und seinem eigenen Gehorsam bis heute nicht fertig war. Ähnlich lag die Sache wohl auch bei einem anderen Soldaten, der nach den Andeutungen seiner Frau ebenfalls an einer Hinrichtung teilgenommen haben dürfte. Der Mann selbst konnte oder wollte darüber jedoch nicht sprechen und wurde – nervlich schwer erkrankt – von seiner Frau auch in dieser Sache nach Kräften geschont. Gerade in diesem Fall hätte ich die selbstverständliche Geltung eines Beichtrituals als hilfreich empfunden, um bei Offenheit und Reue schließlich auch die Absolution aussprechen zu können.

Bei der Beschäftigung mit der NS-Geschichte in diesem Heideort ist mir deutlich geworden, dass bei der Erinnerungsarbeit mindestens zweierlei zusammenkommen muss: das Gespräch mit der Erlebnisgeneration (solange es noch möglich ist) und die wissenschaftliche Arbeit an den Akten. Wenn die mündliche Tradition alleine steht, dann droht die Gefahr der Verklärung (das gilt übrigens nicht nur für die Berichte der Erlebnisgeneration, sondern auch für die Weitergabe in der Familientradition[1]). Und wenn die wissenschaftliche Arbeit alleine steht, dann droht die Gefahr der Abstraktion, und dann drohen auch die vielstimmigen persönlichen Erfahrungen der betreffenden Generation unterzugehen. Darum war und ist es für mich wichtig, beides aufeinander zu beziehen. In diesem Sinne war ein Informations- und Gesprächsabend, der über die Geschichte der örtlichen Kirchengemeinde in der Zeit des Nationalsozialismus gestaltet werden konnte, eine gute Erfahrung.

Darüber hinaus habe ich auch die Begegnung mit biblischen Texten als hilfreich erlebt, z. B. bei der Predigt an den Gedenktagen (8. Mai, 9. November, Volkstrauertag). Gerade die Parteilichkeit der Bibel hat mir geholfen, aus der Rolle des mehr oder weniger seelsorgerlichen Zuhörers herauszutreten und Schuld beim Namen zu nennen, die Opfer zu erinnern und die Maßstäbe Gottes für das menschliche Zusammenleben zu vergegenwärtigen. Dabei habe ich es jedoch als wichtig erlebt, mich *zusammen* mit den Hörer/inne/n unter den Anspruch und Zuspruch der Bibel zu stellen; denn wenn sie als gemeinsames Gegenüber verschiedener Generationen (z. B. der Erlebnis- und der Enkelgeneration) begriffen wird, dann kann und wird das die Nachgeborenen vor einem billigen moralischen Hochmut schützen.

Von daher möchte ich noch einmal auf das zitierte Wort aus den Klageliedern zurückkommen: „Unsere Väter haben gesündigt und leben nicht mehr, wir aber müssen ihre Schuld tragen." Dieses Wort ist aus der Sicht der Söhne und Töchter geschrieben, so dass es eher der Perspektive des zitierten Bürgermeisters als meiner eigenen Perspektive entspricht. Aufgrund der geschilderten Erfahrungen kann ich jedoch auch als Vertreter der Enkelgeneration einen Zugang formulieren:

Wenn die Enkelgeneration auch nicht mehr so direkt mit den Schuldfolgen konfrontiert ist wie die Vorfahren, so kann sie sich von der Beschäftigung mit der Schuld dennoch nicht verabschieden (etwa im Sinne einer historischen Relativierung oder einer Schlussstrich-Mentalität). Das Unrecht der NS-Zeit ist nicht nur eine Tiefenschicht der Gegenwart, sondern reicht mit seinen Auswirkungen bis in die Gegenwart hinein: die Sprachlosigkeit in manchen Familien, das Warten von Opfern auf „Entschädigung" bzw. Rehabilitierung.

Wenn es mir anfangs schwer fiel, die Schuld der Täter- und Mitläufergeneration zu meiner eigenen zu machen, so hat sich mein Denken in den vergangenen Jahren geändert. Ich habe gespürt, dass die Beschäftigung mit der NS-Zeit auch einen Angehörigen der Enkelgeneration mit vielen Gefühlen und Fragen konfrontiert: Grauen, Scham, Fassungslosigkeit. Es sind die Gefühle, die viele aus der Erlebnisgeneration sich mit ihrer „Unfähigkeit zu trauern" erspart haben. Wahrscheinlich ist es um eines kollektiven Heilungsprozesses willen sinnvoll, dass die gegenwärtige Generation diese Gefühle aushält und artikuliert, und zwar freiwillig und stellvertretend. Dass eine solche Übernahme der Schuld(folgen) eine reinigende Kraft haben kann, ist die Erfahrung, die in Jesaja 53 im Lied über den „Gottesknecht" formuliert ist[2].

Ein Bereich, der auch nach einer neueren Studie der besonderen Aufarbeitung bedarf, ist der Bereich des Familiengedächtnisses. Es ist leichter, die Verbrechen der NS-Zeit im allgemeinen anzuprangern, als sich konkret und kritisch mit der Geschichte der eigenen Familie in der betreffenden Zeit zu beschäftigen.

Wichtig scheint mir deshalb, dass die Beschäftigung mit den Opfern nicht die Beschäftigung mit den Tätern und Mitläufern überlagert. Der Opfer zu gedenken ist allein schon deshalb geboten, weil Gott nach jüdisch-christlicher Tradition „Gedächtnis" ist (Dorothee Sölle). Aber wenn die Identifikation mit den Opfern der einzige Zugang zur NS-Zeit ist, dann drohen die Täter und Mitläufer aus dem Blick zu geraten.

Der gleichgewichtige Blick auf die Opfer- und auf die Täter- bzw. Mitläuferseite scheint mir auch für die Gegenwart von Bedeutung: Wie die Berichte aus der Erlebnisgeneration zeigen, ist es leicht, sich als Opfer zu fühlen, auch wenn man Mitläufer oder gar Täter war. Um der wirklichen Opfer willen ist es jedoch nötig, dem eigenen Mitläufertum und den eigenen Spielräumen auf die Spur zu kommen. Heute gilt das z. B. im Blick auf die ungebremste Ökonomisierung der Welt.

Weil es sich bei den Verbrechen der NS-Zeit um ein „Fehlgehen" (so heißt es in Klagelieder. 5,7 wörtlich) im tiefsten Sinne handelt, halte ich die Beschäftigung damit für unabschließbar. Wie die Enkelgeneration, so werden wohl auch künftige Generationen immer wieder ein eigenes Verhältnis zu diesem Teil der deutschen Geschichte finden müssen.

---

[1] S. Harald Welzer, Sabine Moller und Karoline Tschuggnall, „Opa war kein Nazi", Nationalsozialismus und Holocaust im Familiengedächtnis, 2002.
[2] In Jes. 53,11, wo vom stellvertretenden Leiden des Gottesknechtes die Rede ist, werden für das „Tragen der Sünden" im hebräischen Urtext dieselben Vokabeln verwendet wie in Klgl. 5,7.

lls ist die Verbindung von und nach Cloppenburg noch miserab
s nach Visbek über Vechta. Naja, hoffentlich geht alles gut,
ss ich nächste Woche mein kleines Schmüserken in meinen Armen
n kann. Freust Du Dich, mein Kind? Na, das glaube ich schon,
r geht es ja genau so. Und die kleine Margreth, die wird sich
cher auch freuen, wenn der Onkel Hubert mal wieder auf Urlaub
mmt und mit ihr spielen kann? Ja, mein Schätzchen, so träume
h immer wieder von schönen, glücklichen Stunden daheim und wi
 nur, dass es recht viele Stunden oder bald sogar für immer w
d wenn unser kleines Ströppchen mal da ist, wird die Sehnsuch
hl noch grösser sein. Aber wir wollen ja froh sein, dass ich
tzt noch mit heilen Knochen aus dem ganzen Zauber herausgekom
n, und deshalb will ich auch gerne warten, bis die Stunde der
dgültigen Heimkehr geschlagen hat. Heinz hat ja noch mehr Pec
e ich, denn er ist jetzt schon den 3. Winter in Russland. Er
ffte ja immer, dass auch sie bald näher zur Heimat kämen, abe
 jetzt sitzt er immer noch an seinem alten Platz, denn vor e
 Tagen erhielt ich noch einen Brief von ihm. Trotzdem hat au
 noch Glück, dass er noch gesund geblieben ist. Wenn ich dage
 Theo denke, dann kommt mir das geradezu komisch vor, dass ge
er, der so grossen Schiss vor dem Barras hat, auf dem schnel
n Wege eine verpasst bekam. Aber auch dies wird bestimmt nic
 schlimm sein, denn dass er nach Deutschland ins Lazarett ge
men ist, hängt bestimmt damit zusammen, dass man in Russland
 Lazarette von solchen Kranken, die transportiert werden kön
i macht. Und Theo wird dies garnicht so unangenehm sein, was
er verstehen kann. So hat er wahrscheinlich auch Aussicht au
hnachtsurlaub, und dies ist eine schöne Aussicht. Ob ich Weih
hten bei Dir bin? Eine Frage der Zeit. Aber wenn Du, mein He
 chen, weiterhin schön lieb bist und kräftig alle Däumchen dr
 wenn wir nicht zu Schiessplatz Dramburg fahren, habe ich di
 sicht, wenn auch nicht gerade zum Fest, so doch in der Oktav
nell meine Weihnachtsküsschen persönlich abholen zu können!
 bist Du platt, was Kind? Ja, wir "Heimatsoldaten" wälzen im

Autoren

Klara Butting, geb. 1959, habilitierte Alttestamentlerin, ist Pastorin in Oldenstadt und Groß Liedern (Uelzen) und Studienleiterin des Vereins Erev-Rav.

Friedrich-Wilhelm Marquardt, geb. 1928, leitete viele Jahre als Professor für Systematische Theologie das Institut für Evangelische Theologie an der Freien Universität in Berlin. Er war ein Vordenker im jüdisch-christlichen Gespräch und Mitbegründer der AG Juden und Christen beim Kirchentag. Er ist am 25. Mai 2002 gestorben.

Gerard Minnaard, geb. 1955, ist reformierter Pastor. Er arbeitet als Studien- und Verlagsleiter des Vereins Erev-Rav und begleitet mehrere soziale Projekte in Uelzen.

Dieter Schellong, geb. 1928, war von 1972 bis 1993 Professor für Ev. Theologie und ihre Didaktik an der Universität Paderborn, mit dem Schwerpunkt Systematische Theologie.

Gunther Schendel, geb. 1964, ist Pastor in Oldenstadt und Groß Liedern (Uelzen). Er promoviert über die Geschichte der Hermannsburger Mission in der NS-Zeit.

Werner Steinbrecher, geb. 1946 in Visbek (Oldenbg.), aufgewachsen in Düsseldorf; nach dem Abitur Architekturstudium in Aachen, nach Diplom 1972 Malereistudium in Nürnberg, ab 1974 in Berlin. Seit 1978 als freischaffender Künstler tätig. Lebt und arbeitet seit 1989 in Allenbostel (Kr. Uelzen)

Erev-Rav,

Verein für biblische und politische Bildung e.V. ist ein Netzwerk europäischer Christen und Christinnen. Der Name Erev-Rav geht zurück auf die hebräische Bibel (das Alte Testament). Er bezeichnet dort das „zahlreiche Menschengewimmel" nicht jüdischer Herkunft, das zusammen mit Israel aus der Unterdrückung in die Freiheit zieht (2. Mose 12,38). Die Wahl dieses Namens will sowohl den Aufbruch aus Unterdrückung als auch die für die Kirche notwendige Weggemeinschaft mit dem jüdischen Volk programmatisch in Erinnerung rufen. Eine Befreiungstheologie im Kontext Europas ist Ziel der unterschiedlichen Arbeitsschwerpunkte des Vereins. Zu diesen Schwerpunkten gehören, neben der Herausgabe von Büchern und einem Frauenförderungsfonds, mehrere Tagungswochen im Jahr (in Knesebeck, Niedersachsen), auf denen in der Regel ein biblisches Buch gelesen wird.

Weitere Informationen:
www.erev-rav.de
erev-rav@t-online.de
Erev-Rav, Postfach 29, D-29379 Wittingen